手把手教你用AI做企业管理

张 玲/著

中华工商联合出版社

图书在版编目（CIP）数据

手把手教你用 AI 做企业管理 / 张玲著 . -- 北京：中华工商联合出版社，2025. 4. -- ISBN 978-7-5158-4218-9

Ⅰ . F272-39

中国国家版本馆 CIP 数据核字第 2025AR1938 号

手把手教你用 AI 做企业管理

作　　　者：	张　玲
出 品 人：	刘　刚
责任编辑：	于建廷　王　欢
封面设计：	周　源
责任审读：	傅德华
责任印制：	陈德松
出版发行：	中华工商联合出版社有限责任公司
印　　刷：	北京毅峰迅捷印刷有限公司
版　　次：	2025 年 6 月第 1 版
印　　次：	2025 年 6 月第 1 次印刷
开　　本：	787mm×1092 mm　1/16
字　　数：	230 千字
印　　张：	15.5
书　　号：	ISBN 978-7-5158-4218-9
定　　价：	68.00 元

服务热线：010-58301130-0（前台）
销售热线：010-58301132（发行部）
　　　　　010-58302977（网络部）
　　　　　010-58302837（馆配部）
　　　　　010-58302813（团购部）
地址邮编：北京市西城区西环广场 A 座
　　　　　19-20 层，100044
　　　　　http://www.chgslcbs.cn
投稿热线：010-58302907（总编室）
投稿邮箱：1621239583@qq.com

工商联版图书
版权所有　侵权必究

凡本社图书出现印装质量问题，请与印务部联系。

联系电话：010-58302915

从技术恐慌到战略觉醒：手把手构建 AI 管理方法论

在过去的几年里，我曾与数十位企业家、管理者深入交流，一个共同的焦虑始终萦绕耳边："AI 来了，我们如何不被淘汰？"这份焦虑并非空穴来风。面对算法重构效率、数据定义决策、智能重塑组织的浪潮，许多企业困于两种极端：或盲目追逐技术概念，将 AI 视为万能药；或保守观望，任由对手拉开代际差。而《手把手教你用 AI 做企业管理》一书的出现，恰似穿透迷雾的灯塔——它不仅宣告"AI+ 管理"的融合已从理论落地实践，更以详实的案例与可复用的工具，为每一个迷茫的企业递上了一份生存与进化的行动手册。

一、直击痛点：从认知觉醒到行动纲领

本书开篇即撕开当下企业转型的"皇帝新衣"。那些迷信大公司管理模板、重金挖角"大厂高管"却收效甚微的案例，刺痛着无数管理者

的神经。作者尖锐指出：“用工业时代的标准化流程，应对智能时代的动态竞争，无异于刻舟求剑。”面对 AI 技术对企业战略、组织、人才的多维冲击，传统经验正在急速贬值，而本书提供的解决方案直击要害。

- **战略层**：如何用 AI 避免"贪多求全""盲目扩张"等致命错误？书中通过智能化的"战略纠偏模型"，结合某医疗企业聚焦细分市场实现 3 倍增长的实践，展现数据驱动决策的威力。
- **组织层**：针对"协同低效""架构僵化"等顽疾，书中分享了某零售巨头的"智能化重构"——通过 AI 算法，重构了低效低质的合作方式，仅五个月便优化了困扰多年的跨部门协作难题。
- **人才层**：面对"人岗错配""培养滞后"的窘境，某互联网公司的"AI 元效分析系统"给出答案：通过动态追踪员工的人效输出情况，实现个性化发展路径规划，使人效提升 40%。

这些案例绝非纸上谈兵。作者团队深耕一线科技企业，更将经验提炼为如"智能化晋升系统""AI 报销风控引擎"等即插即用的工具包。读者翻开本书，收获的不仅是认知升级，更是即刻可用的"管理武器库"。

二、行动地图：四步破解 AI 落地难题

许多 AI 应用指南止步于技术讲解，却对"如何与业务结合"语焉

推 荐 序

不详，而本书完整勾勒出转型路径。

1. **指标具象化**：从"人效""元效"等核心指标切入，教会企业如何用"数据探针"穿透管理黑箱。
2. **流程数字化**：针对招聘、薪酬、晋升等高频场景，详解如何用AI工具实现"端到端优化"。结合市场波动预测人力需求，避免高峰期用工荒与淡季人力冗余。
3. **决策智能化**：破除"老板拍板"的经验主义陷阱。帮助多家初创公司避开扩张陷阱，其核心在于用机器学习动态模拟市场反应，将决策失误率降低60%。

更可贵的是，本书始终秉持"技术为人服务"的底层逻辑，在"智能化晋升系统"案例中，算法不仅考量业绩数据，更通过自然语言处理分析员工的创新贡献、文化契合度，让人才评估既精准又充满温度——这正是AI与人性智慧的完美共鸣。

三、未来已来：谁应手持这份生存指南？

我曾见证太多企业家在转型路上踩坑：斥巨资搭建AI平台却沦为摆设，空有"数据金矿"却不会提炼洞察……而这些痛点，在本书中皆能找到解药。

- **对CEO与战略决策者**：书中"AI战略沙盘"工具，可将行业趋势、竞争格局、内部能力数据实时可视化，助您看清未来的十字路口。

- **对HR与组织发展专家**：从"智能人才画像"到"元效提升方案"，每个模块都配有可直接导入的工作模板。
- **对数字化转型负责人**：作者揭秘的"智能系统搭建三支柱"（数据中台、算法引擎、场景闭环），为技术落地提供清晰的路线图。

在这个"不颠覆即被颠覆"的时代，《手把手教你用AI做企业管理》不只是一本书，更是一张通往管理新大陆的船票。翻开它，您将获得的不仅是应对今天的解决方案，更是定义明天的底气。正如书中那位借助AI实现战略涅槃的企业家所言："我们终于不再是被浪潮裹挟的旁观者，而是驾驭浪潮的航海家。"

推荐人：岳三峰

清华大学MBA，组织发展专家、企业教练

曾任北大纵横、和君咨询合伙人、IBM咨询经理、腾讯组织发展总监、VIPKID、新氧组织发展负责人，字节跳动内部教练、飞书咨询顾问

前言

AI 时代的到来，既为企业发展开辟了新机遇，也为企业带来了前所未有的挑战。众多岗位因 AI 技术的革新而亟待重构，迫使企业强化经营能力，加速盈利与发展的步伐。忽视 AI 应用的企业，将面临严峻的生存危机。

随着 AI、互联网技术的飞跃发展，以及自媒体、短视频的蓬勃兴起，知识获取变得前所未有的便捷，AI 甚至能协助解决简单问题。企业管理理论书籍汗牛充栋，但真正能将其有效运用的企业却寥寥无几。大厂的成功经验常被提及，却难以复制，企业往往陷入"知易行难"的困境。寻找相似情境下的管理实践案例，更是难上加难，深入剖析管理逻辑的案例更是稀缺。因此，撰写一本聚焦于 AI 时代下企业管理效能提升的案例分享与分析书籍显得尤为重要。

本书旨在从 AI 技术的深远影响出发，通过生动案例，为企业管理者提供应对挑战的策略与方法，使之易于理解。结合案例背后的管理理论，探讨如何更有效地融合AI能力，助力企业根据自身情况，灵活制定解决方案。书中案例经过虚拟化处理，部分源自作者任职或服务的公司，部分为经典案例，均进行了信息保护，望读者谅解。案例分析旨在激发思考，透过现象洞察管理本质，促进企业将管理智慧内化于实际运营中。

本书围绕组织效能与个人效能两大维度，深入剖析阐述，旨在总结系统化、智能化的企业管理路径，以及适合企业自身的AI能力建设策略，为提升经营管理水平提供宝贵借鉴。

AI引发的时代变革，其影响力远超以往任何技术革命。企业面临挑战与机遇并存的局面，降本增效成为普遍追求，但简单等同于裁员降薪的做法，长远来看并不可持续，反而可能削弱企业竞争力和经营能力。唯有那些能够保持或提升企业竞争力的管理实践，方为有效之道。本书汇聚实践中的经验与教训，以供读者参考与借鉴。

目 录

第一章 AI 时代下的企业困境与管理变革

一、新时代企业常见问题 002

    1. 迷信大公司的成功管理方式 002

    2. 认为大厂的高管可以带企业起飞 005

二、AI 技术发展对企业管理的影响 009

    1. AI 不是淘汰者而是进化器 009

    2. DeepSeek 正在重塑职场 011

三、AI 应用案例 014

    案例一：来吧，新番茄 014

    案例二：AI 促进绩效改善 018

    案例三：AI 支持下的个性化人才发展 021

    案例四：AI 技术改善岗位设置和业务流程 023

第二章 AI 提升企业管理效能

一、如何衡量企业的管理效能？ 028

    衡量企业效能的指标 028

    案例：如何改善人效水平 034

二、影响企业效能的主要因素 038

三、利用 AI 能力进行组织提效 040

 1. AI 在各个领域的广泛应用 040

 2. 常用的 AI 工具 042

 案例：AI 带来的组织架构优化 046

第三章 AI 工具助力数字化管理

一、如何用好数据 050

二、数据分析有哪些方向 052

 1. 业务组织的盘点 052

 2. 人员编制（HC）及人力预算制定 054

 3. 数字化招聘 055

 4. 绩效分析 056

 5. 人员流动性分析 058

 6. 薪酬内部公平性分析 058

 7. 人效、元效数据看板 059

三、企业如何借助 AI 进行数据化建设 061

 1. 懂业务，提炼数据指标 061

 2. 理数据，建立分析看板 062

 3. AI 化数据收集 062

 4. 自动化数据分析 063

第四章 AI 帮助企业进行战略制定

一、企业战略的致命错误 066

目 录

    1. 太贪心，什么都想做 066

    2. 缺乏战略定力 068

    3. 重品牌奖项，轻客户体验 070

    4. 产品太超前，市场培育周期长 071

    5. 扩张过速，能力滞后，成本飙升 072

    6. 缺少保证企业运行的现金流 074

二、如何进行战略聚焦 076

    1. 为什么要战略聚焦 076

    2. 如何战略聚焦 077

三、如何进行战略目标的确定 079

    案例一：战略扩张的选择 080

    案例二：AI 应用支持战略目标的设定 082

四、建立有效的决策机制 085

    1. 决策成本有多大 085

    2. 如何降低决策成本 086

    3. AI 支持决策提效 089

第五章　AI 助力团队效能的提升

一、企业如何构建 AI 能力提升效能 092

    1. 组织管理的智能化 092

    案例：智能化晋升系统 096

    2. 企业管理流程的优化 098

    案例：公司里的保密 100

- III -

3. 构建 AI 能力的三种方式　103

　　案例：智能化标签算法系统　105

二、组织设计和组织管理机制　108

　　1. AI 支持组织结构设计　108

　　案例：AI 工具帮助应对频繁调整组织架构的尴尬　113

　　2. 组织协同为什么那么难　116

　　案例：AI 能力提升多业务的协同效率　121

　　3. 借助外力补充组织能力　122

　　4. 建立有效的管理机制　126

　　案例：AI 能力提升报销管理机制的效率　129

第六章

AI 提高企业运营管理能力

一、显性成本的管理　134

　　1. 高效配置人力成本资源　134

　　案例：如何确定人力成本总额和使用节奏　136

　　2. 房租水电等固定成本管理　137

　　3. 费用管理　139

　　4. 采购管理　140

二、警惕隐性成本　143

　　案例：企业里的 AI 小达人　143

　　1. 招错人的代价　144

　　2. 避免重复造轮子　148

目 录

    3. 跨部门沟通机制的建立　**151**

    4. 高效会议管理　**153**

    案例：借助 AI 优化运营效率　**155**

三、提升组织人员的使用效率　**158**

    1. 打造高效能的企业文化　**158**

    2. 打造战略薪酬激励体系　**160**

    案例：公司上市了，员工为什么不高兴？　**163**

    3. 如何做好绩效管理　**164**

    4. 组织人才盘点　**169**

第七章　借助 AI 提升管理者管理能力

一、优秀管理者的特征　**174**

二、招聘合适的人，不是最好的人　**176**

三、管好事　**179**

四、理好人　**184**

五、传文化　**188**

六、没有完美的个人，只有完美的团队　**190**

    1. 任人唯亲，不用有能力的人　**191**

    2. 放大员工缺点，频繁换人　**192**

    3. 只能带兵不能带将的管理者　**192**

    4. 目标不清晰，团队无效工作　**193**

七、案例：打造完美团队的关键　**195**

1. 识人能力是打造完美团队的第一步 195

2. 如何用人所长 197

3. 新任领导者如何提升领导力 199

八、管理必修课：好好说再见 203

1. 员工离职因素分析 203

2. 如何做离职沟通？ 206

第八章 风控和风险评估

一、企业发展和风险控制的平衡 210

案例一：激进派 211

案例二：保守派 214

二、如何借助 AI 进行风险防范 217

附录：员工效能提升案例解析

一、如何帮助新员工快速融入新公司？ 220

二、提升员工心力，拒绝"玻璃心" 223

三、向上管理 225

四、积极成长的心态 228

五、AI 助力员工成长 231

后记

第一章

1 AI时代下的企业困境与管理变革

一、新时代企业常见问题

无论是大企业还是小企业，都会存在资源有限、人才有限的问题。在资源越来越紧缺的情况下，如何更高效地利用有限的资源帮助企业发展就显得非常重要。企业面临的外部环境不同，内部的产品特点、业务模式、发展阶段、组织架构、人才构成、企业文化也不同，这就需要企业结合自身的情况寻找对应的解决办法。尽管各行各业面临挑战各异，企业发展各阶段难题不同，我们仍归纳了一些共性的企业管理陷阱，以警示企业防范这些常见问题。

1．迷信大公司的成功管理方式

企业管理遇到的问题不尽相同，把一些大公司成功的管理方法照搬到其他公司往往不能完全奏效。需要根据企业的情况进行定制化的调整和改善，借鉴适用于自己企业的部分，才能助力企业的发展。

一些企业老板非常喜欢学习，花费大量时间和金钱去学习大厂的成功管理经验，还带领高管团队一起学习，这毋庸置疑是非常有益于

第一章
AI时代下的企业困境与管理变革

企业发展的，这种进取心也是非常值得钦佩的。但是大厂的成功经验往往取决于所处环境的天时地利人和，而我们的企业所面临的内外部环境和发展情况时刻都在变化，照搬往往不能成功，非但作用不大甚至很可能有负面效应。不是这些成功经验不好或者分享不够深入，也不是老板不够聪明，而是这些经验带来的更多是认知水平的提升和开拓，因此，绝不能简单地将这些成功经验直接复制粘贴到自家企业中。而是要根据自己企业所面临的情况，把学习到的内容进行内化和转化。如果不能内化成自己认知水平的提升，不能转化为适合自己企业发展的路径，往往达不到理想的结果。

A总是这样一个企业的老板，他非常信奉大厂的成功经验，经常参加各种培训活动，市场上的各种知名培训几乎都参加过。这些培训上讲到的内容听起来很对，但是不知道如何在自己的企业实施。后来听的多了，发现不同的老师讲的观点是相反的，但是他们都能自圆其说。A总与一个资深的HR朋友B总讨论他的发现。例如对于会议的看法，不同的老师有不同的见解：一位老师讲道，会议的目标应该是以终为始，以达成会议目标为目的，倒推会议如何安排，不能达成会议目标就不能结束会议，会议占用的时间都是成本，如果没有产出就结束了，不但没有达成会议目标，还浪费了大家的时间；另一位老师讲道，高效会议的安排需要严格控制会议时间，如果没有按时完成，就先记录下来，后续找其他时间继续完成，会议时间表不能突破，只有这样团队执行力才能提升。他觉得都有道理，哪种说法是对的呢？B总说，其实哪一种说法都有道理，但也不完全对，需要结合会议的类型和会议的目标来看。诸如项目例会、产品周会等，就需要按时间表的节奏来完成，因为这些会议的内容通常已经预先设定了参与人员与流程，而且基本上可以在会上达成共识；但是如果是开放式会议，比如战略共创会、头脑风暴会等，这些就很难在既定时间内达成共识，这些会议就需要提前准备，做好引导，并且给予更充分的时间进行讨论，甚至可能会两到三次才能达成目标。A总听后若有所思，明白了B总的意思。所有的管理动作都不是简单的拿来主义，都需要具体问题具体分析，还要看跟自己的企业文化是否相匹配。

另外，学习要系统，不能断章取义。很多老板都有读书的习惯，但是由于时间忙碌并没有系统地学习，因此可能会忽视一些关键因素。在这种情况下，照搬一些先进的管理方法，导致公司不仅没有如期发展，反而还产生了不良影响。还有一些公司会学习其中的一部分，发现带来的影响更加恶劣，因为管理体系都是一环套一环的，即便学习了全套内容，也需仔细考量内外部环境和时机是否适宜，所以断章取义容易带来问题。读书是好的习惯，但更重要的是能够把知识转化为

第一章
AI时代下的企业困境与管理变革

能力。知识不等于能力，读了很多书，知识多了但没有理解，反而更加不知道如何运用。同样的问题，不同的人给出的解决方法往往不尽相同，管理是一门实践，即便相同的处理方式，不同的人来操作，也可能是不同的结果，就是因为每个人掌握的信息和认知不同，因此得出的结论就不同。每个人都有自己的认知范围，需要把知识转化为能力，才能应对各种复杂的情况，形成解决思路。

2．认为大厂的高管可以带企业起飞

大厂的高管也不是万能的，大厂的成功往往是诸多因素共同作用的结果，而不是某个高管的单方面作用。一些公司遇到发展问题，会不切实际地想通过聘请一两个大厂的高管就能全部解决，通常多数以失败告终。而大厂的高管也会因为无法发挥作用而愤然离职，影响自己的职业发展。造成这种状况的主要原因如下：

大厂薪资水平高，福利好，如果雇用大厂高管，需要花费的薪资成本非常高。因此很多高管都是老板花了大价钱请来的，自然就对他们寄予厚望，提出很多不切实际的要求，因此一些大厂高管愤然离职，抱怨老板，既要不花钱，又要收入增长，还要利润增加。

另外，大厂分工细，个人往往都是负责其中某个环节。但小公司人员少，分工不明确，经常是身兼数职，对工作的深度要求不高但是对广度要求高，高管什么都要了解一些，以便能够全面把握并闭环整个工作流程。这对于大厂高管来说，也是巨大的挑战，很多情况下他只了解其中一两个模块，无法统领全局。

大厂的配套资源丰富，可以借助的外部力量多，包括咨询机构、调研机构、顾问等，都比较齐全，因此可以有更专业的输入和支持，所以在大厂成功可能不是因为高管的个人能力强，更多是资源、平台等多方面综合因素促成的。

大厂的基础系统和管理机制完善，不太依赖单一个体的力量，因此大厂的成功往往都不是个人能力带来的，即使这个人缺席，很多工作都可以顺畅地运转。

大厂的品牌和平台基础好，很多供应商、分销商都是即使赔钱也想与大厂合作，如此一来便能将知名大厂纳入客户名录之中，借以提升自身品牌的宣传力与影响力。候选人也可以自降身价加入，这些都是大厂的平台效应和品牌力量。

但是在中小企业，资源相对紧缺，管理机制不完善，配套支持不够充足，各方面工作开展都相对更难，而企业也不会留太多的时间和试错机会给花重金聘请的大厂高管，因此，很多大厂高管很难在小公司生存。所以，中小企业在聘用大厂高管时就要更为慎重，要和自己的企业需求进行匹配，也需要有相对合理的预期。

A总对某大厂的管理能力非常仰慕，一直在寻找该大厂的高管，希望可以带着自己的公司上一个台阶。在遇到B总后，B总不仅侃侃而谈，还演示了各种流程体系，A总听了颇为赞

第一章
AI时代下的企业困境与管理变革

叹，极力邀请B总加入，给B总非常高的薪资，还配置了独立办公室，也给了他更大的发展空间和职位管理权限。

B总入职公司后，很快出台了各种管理政策流程，多数都是模仿前公司的全面的管理政策。A总奉为至宝，觉得自己在向大公司管理水平的迈进之路上又更进一步。可是随着新政策的出台，中层管理者之间私下流传着诸多不满与抱怨之声，因为每天有大量的时间要处理各种审批，之前只要说清楚项目情况就可以开展的工作，现在要做各种PPT做汇报，进行论证和评审；之前打声招呼就可以拉着产研同事去见客户，现在需要提审批流程说明为什么需要产研同事一起见客户；之前在一定范围内的报销一周内就能报销完成，现在设置了更多的审批环节，基本一个月都报销不下来。诸如此类的事情多如牛毛，让整个公司都要重新适应。

这样的情况A总也是知道的，B总向A总解释道：改革总会经历阵痛，大家都在舒适圈待习惯了，改变肯定不适应，随着时间的推移，当大家逐渐适应后，便会意识到改革所带来的其实是更为健全的制度与流程，为公司向大公司发展奠定管理基础，A总深以为然。

有一次，项目经理小C接到一个紧急项目，需要尽快到现场处理，但是差旅费用超标了。小C在没有完成审批的情况下自行购买了机票赶到现场处理，并顺利帮助客户解决了燃眉之急，获得了客户的好评。但是，因为赶项目超出报销范围，公司非但没有因为小C快速解决了客户问题获得好评被奖励，还给小C只报销了范围内的费用，超出的部分让小C自己承担。这让小C大为恼火，称这出差仿佛变成了半自费的行为，而且还得无偿加班加点来赶项目进度。此事一传开，大家都宁愿项目进度延期一些，即便客户抱怨，也要等审批完成再去处理。公司整体的氛围也慢慢变坏了，不像之前以项目需求和客户需求为先，而是以流程为先。员工们私下里把这当作笑话谈论，说聘请了大公司的高管，本以为能带来大公司的福气，结果却染上了大公司的毛病。

其实，小公司管理流程简单，调整速度快，能够对外部变化迅速做出反应，这本来是小公司的优势，但是使用了超越企业发展阶段的管理方式，不但不能带来收益还会减弱企业优势，降低企业竞争力。因此，还是要根据自己的情况，把大公司的方法内化和转化为适合自己公司的方式，才能促进公司的发展。

二、AI 技术发展对企业管理的影响

1．AI 不是淘汰者而是进化器

企业发展需要随时应对外部的变化，经济环境的波动、互联网的影响、新政策的出台，无一不影响着企业的发展。随着 AI 技术的不断发展和逐渐普及，各行各业都受到了深刻的影响。AI 技术的引入不仅改变了企业的生产方式和业务模式，对很多岗位产生冲击，还对企业的组织结构和管理方式提出了新的挑战。为了应对这些挑战，企业必须进行管理变革，以适应 AI 时代的发展需求。

随着大模型技术的发展，越来越多的 AI 应用工具应运而生，对很多行业都产生了深刻的影响。但是我们不能高估现在的 AI 能力，认为 AI 无所不能，也不能低估未来 AI 的发展，陆续会有一些岗位被 AI 悄悄改变甚至被取代。不懂得运用 AI 的企业或人员将会面临危机，例如：

数据处理与分析类岗位。AI 最擅长通过规则进行数据分析和处理，copilot 可以帮助不擅长使用 Excel 表公式的人员更简单地进行数据分析。

客户服务代表。AI 通过自然语言处理技术，可以自动回答常见的客户问题，既能 24 小时及时回答客户的问题，提升客户满意度和回复效率，还能减少人工客服代表的数量，降低企业的用人成本。

翻译工作。一些简单的、标准化的翻译工作可能会被 AI 替代。有一些 AI 应用工具可以帮助用户进行英语练习，例如 AI 应用 TalkAi、Hiapple，其英语对话能力不低于知名英文培训机构。英文培训机构一个月一对一辅导的费用是 5 万元，而 AI 只需要几百元，最新的 GPT 甚至可以做到同声传译。

法律相关支持。如一些法律报告的撰写、文件整理等，AI 可以为非法律专业人士提供法律建议和基础的法律文件。例如通义法睿等大模型工具，可以生成高质量的法律文件。

餐厅服务员和收银员等。自助点餐设备和机器人服务员可能会取代需要人工为客户提供餐厅服务的工作；还有很多超市广泛使用的自助结算设备等。

除了对上述职业的影响，AI 还能在日常工作处理中提升效率，提高交付水平，后面我们在相应的章节中会陆续分享。

虽然 AI 应用在很多领域都发展迅猛，但它并不能完全取代人类。笔者曾经和一些 AI 专家做过数次探讨，众人普遍认为，AI 能力的核心影响因素涵盖算法的优化程度、计算能力的强弱以及数据的质量与规模。当前市场上那些表现卓越的 AI 应用，往往是在有效整合专家知识方面做得尤为出色。相比之下，那些仅基于有限数据量且缺乏专业知识指导的 AI 应用，其功能往往较为基础，尚处于发展的初级阶段，而一些垂类的 AI 大模型在专业领域表现更好。在企业管理领域，需要的能力涉及各个方面，我们应该善于借助 AI 擅长的能力为我所用，提升企业管理水平。AI 的发展速度惊人，而且越来越容易使用，可以实时关注最新的 AI 工具动态。

2．DeepSeek 正在重塑职场

随着 DeepSeek 的横空出世，中国在 AI 技术上展现出了自己强大的实力，各大应用平台也纷纷加入 DeepSeek，增强自己的能力。DeepSeek 在技术层面的突破为人工智能（AI）发展开辟了新路径。其研发的推理模型 R1 采用创新的分布式计算模型，摒弃了传统神经网络架构，在数学、代码和自然语言推理任务中表现卓越。这一技术革新不仅提升了运算效率，还降低了计算资源需求，甚至对英伟达的股价产生了影响。

DeepSeek 作为 AI 技术在信息检索领域的重要应用，其通过自然语言处理、信息检索和机器学习等多领域技术的融合，实现了更加精准、智能的搜索结果，为管理决策提供了有力支持。DeepSeek 在管理中的应用非常多，以下是一些常见的应用领域。

（1）信息检索与知识管理

在企业管理中，信息检索和知识管理至关重要。DeepSeek 能够为企业提供精准、智能的信息检索服务，帮助管理者快速找到所需信

息，提高决策效率。例如，在研发部门，DeepSeek 可以快速检索相关技术文献和专利信息，为研发人员提供有力的支持；在市场营销部门，DeepSeek 可以分析市场趋势和竞争对手情报，为制定营销策略提供依据。

（2）客户关系管理与个性化营销

DeepSeek 可以应用于客户关系管理系统（CRM）中，通过分析客户的购买历史、浏览记录等信息，构建客户画像，实现个性化营销。例如，电商平台可以利用 DeepSeek 技术分析用户行为数据，推荐符合用户兴趣和需求的产品，提高销售转化率和客户满意度。

（3）人力资源管理与招聘筛选

在人力资源管理方面，DeepSeek 可以通过自然语言处理和机器学习等技术对简历进行自动筛选和评估。企业可以利用 DeepSeek 技术构建智能招聘系统，快速筛选符合岗位要求的候选人，提高招聘效率和质量。同时，DeepSeek 还可以对员工的绩效数据进行分析，为制订员工培训和发展计划提供依据。

例如，可以通过约定职位的岗位要求，对多份简历进行智能分析和评估，给出评估建议，还可以对简历评估的格式设置一定的要求，例如对简历适配程度进行打分，分析简历的优劣势，给出适合的面试问题等。

（4）风险管理与合规性检查

AI 技术包括 DeepSeek 在内，还可以应用于企业的风险管理和合

第一章
AI时代下的企业困境与管理变革

规性检查中。通过分析历史数据和实时数据，DeepSeek 可以帮助企业识别潜在风险，如供应链风险、财务风险等，并提前预警。同时，DeepSeek 还可以帮助企业快速识别和应对法律法规的变化，确保其业务活动的合规性。

（5）对多份文件的内容提炼

可以帮助用户进行多份文件的核心内容提炼，并且按指定的形式呈现出来，例如上传多份电子保单，可以对多份电子保单进行核心内容的提炼，从保单的生效时间、保额、保费、保险期限、保障内容等方面进行提炼，并且以表格的形式呈现出来，就可以非常快速地提炼出所需要的内容，大大节约我们的时间。

AI 技术对管理产生了深远的影响，不仅提高了决策的科学性和准确性，还显著提升了运营效率、优化了人力资源配置、创新了客户关系管理方式以及增强了企业的风险管理能力。DeepSeek 作为 AI 技术在信息检索领域的重要应用，其在企业管理中展现了巨大的潜力和价值。然而，AI 技术的应用也面临着数据安全与隐私保护、系统可靠性和稳定性以及员工接受程度等挑战。未来，随着 AI 技术的不断发展和完善，相信它将在管理领域发挥更大的作用和价值。企业需要积极拥抱 AI 技术，探索适合自身发展的管理模式和方法，以适应不断变化的市场环境。同时，企业还需要加强数据安全管理和员工培训教育等工作，确保 AI 技术能够为企业带来真正的价值和效益。

三、AI 应用案例

一些企业发现了 AI 应用的巨大潜力和应用价值，率先在企业管理中引入并尝试应用 AI 技术，取得了非常好的效果。以下是一些应用案例的分享。

案例一：来吧，新番茄

麦当劳有一段时间面临员工严重流失的问题，这是企业不希望看到的，因为员工流失会造成投入的招聘成本、培训成本等增加，影响企业的运营管理和成本管理。为了提升新员工的归属感，降低流失率，公司组织老员工每个人说一句有利于新员工融入的话语，公司把这些话语通过 AI 生成生动有趣的插画，并且把这些插画制作成入职手册发给新员工，新员工流失率大大降低，这个入职手册叫作《来吧，新番茄》，以下是网络上可以找到的示例，是不是既有趣又温暖？

第一章

AI时代下的企业困境与管理变革

图1-1 麦当劳AI插画

这个案例是大家经常会引用的AI应用的案例故事。

1. 背景与目标

麦当劳作为全球知名的快餐品牌，一直致力于吸引和培养年轻人才。为了提升新员工的归属感和融入感，同时展现品牌对年轻人的重视和关怀，麦当劳推出了"来吧，新番茄！"这一独特的入职手册和营销活动。

2. 创意与策略

命名与形象设计：

麦当劳将新员工亲切地称为"新番茄"，寓意着新员工像番茄一样状态饱满，代表着活力、成长、快乐和无限可能。

企业设计了一个戴着麦当劳员工帽子的番茄形象，作为"新番茄"的代表符号，增强了形象的生动性和趣味性。

入职手册内容：

麦当劳面向全国餐厅员工征集"给新番茄的入职建议"，筛选出100条宝贵的建议集结成册，形成了《来吧，新番茄！》这本入职手册。

手册中包含了大量的实用建议、工作经验分享以及麦当劳的文化和价值观，帮助新员工更快地融入团队和工作。

设计风格：

手册以扁平风的插图为主，简洁的设计风格使得员工阅读起来非常舒适。明快活泼的配色和简单的图形设计去搭配文案，趣味十足，符合年轻人的审美偏好。

3. 实施与执行

手册的发放与推广：

麦当劳将《来吧，新番茄！》入职手册发放给每一位新员工，并在内部进行推广和宣传。通过内部培训、团队建设活动等方式，加深新员工对手册内容的理解和认同。

线上线下的互动：

麦当劳在社交媒体平台上发布与"新番茄"相关的内容，如新员工的故事、入职心得等，增强了与粉丝的互动和沟通；举办线上线下的活动，如新员工分享会、入职培训等，进一

第一章
AI时代下的企业困境与管理变革

步提升了新员工的归属感和融入感。

4. 效果与影响

内部效果：

新员工通过《来吧，新番茄！》入职手册更好地了解了麦当劳的文化和价值观，更快地融入了团队和工作。提升了新员工的归属感和满意度，增强了团队的凝聚力和向心力。

外部影响：

"来吧，新番茄！"案例作为麦当劳独特的品牌营销方式之一，引起了社会的广泛关注和讨论。增强了麦当劳在年轻人群体中的品牌形象和影响力，吸引了更多的人才加入麦当劳。

5. 总结与启示

麦当劳的"来吧，新番茄！"案例展示了品牌如何通过独特的创意和策略来吸引和培养年轻人才。通过命名与形象设计、入职手册内容、设计风格以及实施与执行等多方面的努力，麦当劳成功地提升了新员工的归属感和融入感，同时也增强了品牌在年轻人群体中的影响力和吸引力。这一案例为其他企业提供了有益的借鉴和启示。

麦当劳的这个故事之所以在网上广为传播，据说也是因为他们在 AI 应用上的突破。如果公司用内部设计师或者外部设计机构进行设计，每张设计插图价格不菲而且需要比较久的时间才能制作完成，但是借助文生图的 AI 工具例如 Midjourney、可灵 AI 等可以快速生成活动需要的风格和内容，并且可以根据需要进行调整，保持风格的一致性。这些工具不但大大节约了成本，提高了效率，还取得了很好的效果，值得我们学习和借鉴。

案例二：AI 促进绩效改善

公司里新入职的销售人员，往往需要六到九个月才能开单，如果过了六个月还没有开单，依据《中华人民共和国劳动法》条例，公司需要给他转正。后续该员工如果持续不开单，就无法以不符合录用条件为由进行劳动关系的解除。若以员工不胜任工作为由解除劳动关系，则必须先证明其绩效目标未达到既定标准。此后，还需为员工提供培训机会或进行岗位调整，并再次证明其绩效仍未能达标，方可正式解除劳动关系，这一过程不仅耗时费力，还增加了管理的复杂性。

值得注意的是，新销售入职前的培训流程也面临着挑战。虽然新员工需要经过一系列培训并考试合格后才能开始拜访客户，但现有的培训方式仍存在诸多问题，可能会影响新员工的成长和绩效提升。

一是占用时间周期长。由于培训的内容多，销售人员只

第一章
AI时代下的企业困境与管理变革

能把公司的产品资料、行业案例、销售流程等死记硬背，但是在考核时经常出错。另外，培训的过程大概需要一个月的时间，而且还需要讲师时间方便时才可以安排，如果销售人员不集中，就会占用讲师过多的培训时间。

二是公司的产品科技含量高，技术指标多。一般的销售人员非常难把公司的产品完全理解和记忆下来，把产品的计算指标转化到客户需求的卖点上，还不成熟，需要销售人员自己花时间琢磨，如何在自己擅长的客户资源领域进行拓展，如何结合客户的需求推广公司的产品。

三是销售来自各行各业，但是公司产品比较新，很多行业没有成功的客户案例可以参考，需要销售自己去打造行业客户案例，增加了销售的开单难度。

为了解决上述的问题，某公司对目前销售人员的入职培训借助AI工具进行了优化。

（1）对培训的内容进行视频化处理，利用剪映等AI工具进行视频优化，简化了销售的学习压力，让销售可以碎片化学习；

（2）设置每个短视频的课后考试题，让销售人员快速掌握短视频课程的核心要点，避免大段的内容无法记忆和消化；

（3）用Studyfetch把学习内容生成考试题，把培训视频内容上传，AI工具就可以提炼核心内容，转换成试题；

（4）销售人员完成所有的培训和考试后，就可以进行客户拜访了，在第一次拜访客户前，销售人员自行录制模拟客户拜访的视频，上传到公司在线内网平台，讲师帮助识别和发现销售人员的问题，并提供一对一的改进建议；

（5）公司每个月组织一次集中答疑和经验分享，销售人员可以根据自己的时间安排参加；

（6）对于新的行业，成立产品行业化解决方案和行业客户案例的共创小组，帮助销售人员打造行业客户案例；

（7）通过扣子（Coze 是字节旗下的一款 AI 应用）建立一个销售人员沟通音频分析评估系统，配置语音转文字功能、加入分析对话内容的大模型和根据分析内容生成数据和建议的大模型，对分析沟通过程进行评分，并输出话术调整建议，就可以让管理人员轻松获取销售团队的沟通状态数据看板，实时了解团队表现。

在 AI 工具的帮助下，经过上述个性化的绩效改进计划后，销售人员可以在两周左右开始第一次客户拜访，试用期开单率提升了 50%，不适合公司的销售人员也能尽快地被识别并进行调整，避免公司错失机会，损伤客户，大大提升了公司绩效管理的效率，改善了绩效结果。

第一章
AI时代下的企业困境与管理变革

案例三：AI支持下的个性化人才发展

企业在进行人才发展时，一般会遵循721法则（"721法则"指的是个人能力提升的一种比例分配原则。即个人70%的学习成果来自工作中的实践，20%来自与他人，如导师、同事等的学习交流，10%来自正式的培训课程），但是投入大、效果不明显。不组织培训项目和课程，员工说公司不重视人才发展；花费大量的时间精力和金钱成本组织了培训，员工又不积极参与，老板认为投入产出不成正比，没有起到效果。

某公司引入了新的AI培训平台，针对不同的人群设置不同的培训课程体系，然后对员工在线进行能力测试，生成测试报告和培训课程建议，课程的内容通过测试结果个性化生成，因此培训更有针对性。培养周期也是根据每个人的情况而设置，完成本周期的培训项目后，可以进行下一阶段的测试和培训课程的设置。每一段测试后，会对同一小组的学员进行培训成绩的排名和展示，并且把培训课程的成绩作为人员晋升或任命的参考因素之一，这就大大提升了员工的参与度。

培训课程的展示形式可以借助D-id等AI工具，上传图片或照片生成视频或人物，创建数字人来做公司的入职培训、文化培训、产品培训、管理培训等。经过半年左右的运营，针对性培训的效果也开始初见成效，不但降低了培训成本，还提升了覆盖率以及满意度。员工对培训课程提出了更多的需求，例如希望公司增加一些向上管理、如何沟通，以及 AIGC 等课程，此举对于培训需求的收集也及时且高效了。由于借助了数字人，展示效果也非常生动，而培训排名也激活了大家的竞争意识。

除此之外，公司还利用 AI 平台进行数据分析和建议输出，之前需要统计培训参与率、考试成绩、培训课程反馈等，需要花费大量的时间进行收集、整理和分析，现在通过 AI 分析直接输出分析报告，哪些人活跃、哪些课程热门、哪些讲师受欢迎，培训成绩和通过率情况等数据一目了然。

其实，这样的 AI 应用学习平台非常多，而且不仅仅存在于企业管理领域。随着教育改革，现在学生的学习模式也在出现结合 AI 能力的个性化学习系统，例如录入学生的年级、学科、教材等信息，系统就会自动生成相应的测试题和学习内容，学生进行测试后会有测试结果和成绩排名，可以清晰地知道自己的学习情况。另外，还会根据测试结果生成下一次学习的测试内容。针对错题，会提供其他的相似题进行训练。

AI 技术的发展让培训学习变得更加个性化，主要包括个性化学习路径规划、在线培训学习，而且还能得到更加及时的反馈及分析报告。这种方式必将对企业的培训发展、教育的便捷性等产生巨大的变革和影响。

案例四：AI 技术改善岗位设置和业务流程

AI 技术的发展对很多岗位和工作流程都进行了重构。某电商公司在企业运营管理过程中，一直都是依靠增加人员的方式来提升业绩水平。当发展到一定阶段后，企业的人员规模激增，管理难度大大增加，经常出现各种人为的错误，经营效率非常低下。即便运用各种管理手段加强管理仍然无法避免，负责人 A 总决定要进行技术化改革。

通过外部了解，很多公司都是通过自建算法团队进行 AI 系统的建设，每个业务环节都有相应的算法。A 总带领团队进行了自建 AI 能力的 ROI 分析和设计方案，获得了公司的批准，经过为期近一年的时间，完成了团队组建、业务流程梳理、算法模型建立和初步的功能实现。由此带来了企业智能化管理水平的巨大提升，不但不需要线性增加人员的低效发展，还提升了准确性。他们主要是在如下几个方面进行 AI 能力的建设，提升公司的运营效率。

- 利用算法进行智能推荐，根据用户的行为数据进行商品推荐，提升了销量；
- 基于配送路径的数据进行智能路径规划，提升骑手的配送效率；

- 根据销售数据、活动数据、天气数据等进行智能销售预测；
- 根据库存数量和销售预测，进行智能补货，使其更为精准，降低了损耗率；
- 自动上下架商品和调节商品排序，提升销量。

这些AI能力改变了原有的销售预测、仓库补货方式、配送接单效率、商品上下架等部门的工作方式，系统自主执行并优化所有的流程，只需很少的人为干预就可以完成任务。原先为了避免在交易时段对系统和用户造成不良影响，商品运营人员每天晚上12点对商品进行人工上下架，不仅辛苦，还容易出错。后来通过AI自动上下架不但解放了人员的时间和精力，还可根据售卖情况进行自动化商品展示排序，对于连续排名垫底的商品进行下架处理。原有的商品运营人员、销售预测人员、补货人员的人数减少了，可以释放出资源到其他领域。

AI工具在企业管理中的应用远远不止于此，它同样在人力资源管理的各个方面都展现出了深远的影响，以下是一些常用的应用举例。

我们可以通过DeepSeek、文心一言、豆包、kimi等AI工具，进行智能搜索问答，咨询相关问题，例如如何进行招聘策略的优化？如

第一章
AI时代下的企业困境与管理变革

何更好地进行绩效管理？这些问题AI工具都可以给出建议，我们通过设置更好的提示词方式保证输出内容的质量。

通过创可贴、醒图等AI应用生成图片、视频，帮助我们更好地制作海报。

通过文心等AI工具生成宣传文案、活动计划，进行制度建设和管理政策的输出、撰写法律合同文本、撰写招聘职位的岗位需求，提炼绩效考核指标等。

使用百度文库、AiPPT等工具，可以几分钟就生成漂亮的PPT，我们可以输入PPT主题让其自动生成，还可以写好提纲上传后生成。生成的PPT文档下载后进行简单的编辑就能在很短的时间内完成一份漂亮的PPT文案。

员工向公司咨询的问题的自动问答机器人，提升回复效率并且不限时间，结合虚拟数字人，可以作为公司的虚拟员工；

某些AI工具不仅可以聊天、咨询和倾诉，提供调整建议，改善员工状态，还可以把这些数据结合其他的行为数据进行分析，预测离职风险。

类似的应用场景非常多，在此不一一列举，在信息安全的前提下，我们可以进行更多的可能性探索。

第二章

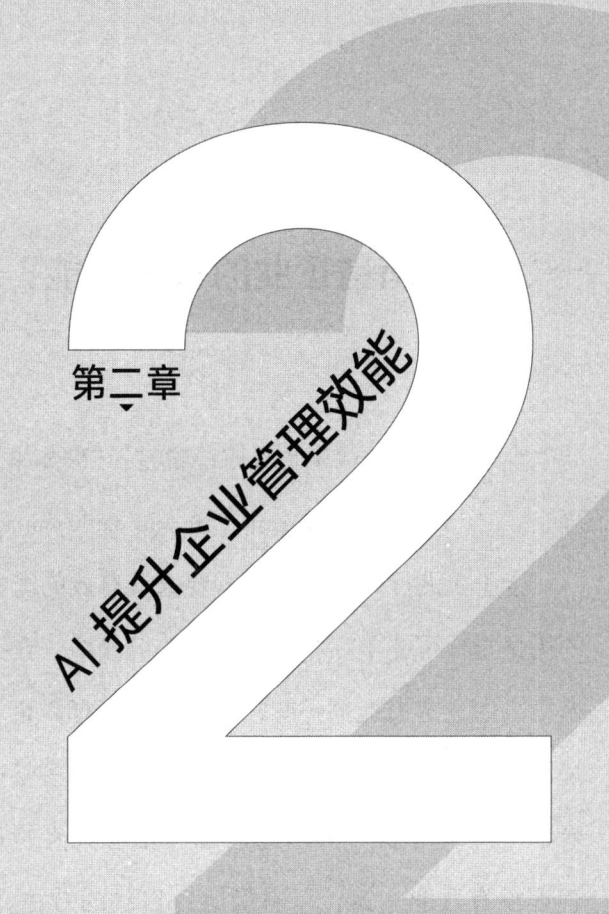

AI 提升企业管理效能

一、如何衡量企业的管理效能？

管理学大师彼得德鲁克曾经说过："你如果无法度量它，就无法管理它。"（"It you can't measure it, you can't manage it."）

企业在进行效能分析时需要选择有效的衡量方式。不同阶段使用的衡量指标可能不尽相同，不同的产品线、业务线也可能面临不同的衡量方法。本书提供一些常见的衡量指标，企业可以根据自己的实际情况进行选择和调整。笔者曾经接触过很多管理者，尤其是新晋管理者，在寻求可以一劳永逸的管理指标或者管理公式，但是很遗憾，管理没有万能之策，只有最适合自己的方法，并根据不同情况进行调整，灵活使用各种管理工具或者管理工具的组合，才能达到满意的效果。

衡量企业效能的指标

衡量企业效能的指标非常多，如果从人力资源利用效率上进行衡量，通常有人均销售额、人均毛利额、人均净利润等指标，企业可以

第二章
AI提升企业管理效能

根据自身特点和实际需求，选择适合的指标进行企业效能的评估，提升企业的运营效率和组织能力。

选择合适的指标体系后，在分析指标数据结果时，通常会进行内部对比和外部对比。内部对比上，可以从时间和空间两个维度进行。

时间维度上，主要是用当前的指标数据和历史数据进行对比。环比通常是分析本周期和上一周期的数据情况对比，例如，对比2024年和2023年的人员主动离职率；同比通常是分析本周期和上一年或者两年的同期数据情况对比，例如，今年三季度的入职人数和去年三季度的入职人数对比。

空间维度上，主要是部门之间的对比，例如不同国家、不同区域、不同产品、不同业务线、不同事业部或事业群的对比。一般情况下，选择同阶段、同体量的部门进行对比的参考性较高，例如对比各一线城市的薪酬指数。如果企业内的业务都是不同阶段或不同体量的业务，可以选择外部对比。外部对比方面，通常与竞品公司或者竞品公司的业务线进行对比，这些数据可以通过一些公开的渠道获得，例如公司财报；也可以购买一些行业分析报告、第三方公司调研数据等信息。

通常，对于利润中心或者业务部门，可以用人均产出、每元人力成本产出等指标，对于成本中心或者职能部门等支出部门可以使用人事费用率（人力成本/销售收入）、各项费用占比（如销售费用占比＝销售费用/总费用）或其人员配比指标（例如每两百名员工配置一名人力资源人员）。除此之外，还有增长率相关的指标，例如我们希望企业的收入增长率大于人力成本增长率，还会控制人力成本的占比，例如人力成本占比要低于50%。这些指标还可以结合其他人员数据指标、业务数据指标、用户数据指标等综合分析使用。通常情况下，我们会结合多个维度的指标进行监测和使用。

下面我们提供一些常见的衡量企业效能的指标供大家参考。

（1）人员产出相关指标

以销售部门为例，人均签约额＝签约总额／销售部门总人数，依此来衡量销售部门的签约效率（可能包含销售、售前、商务等人员协同完成签约），如果只看销售人员签约情况，也可以用签约总额／销售人员人数来衡量。上述公式除了可以衡量人效产出外，还可以用于销售人员绩效目标的设定，以下是一些常见的人员产出相关指标：

人均营业收入＝营业收入总额／员工总人数

人均客户数量（可以分新客和老客）＝客户数量／人数

人均毛利润＝毛利润／总人数

人均净利润＝净利润／总人数

人员产出的指标非常多，不同行业、不同阶段的使用率不同，有时甚至需要一些创造力去创造新的指标，或者需要多指标组合使用。

不同行业的人效水平有比较大的差距，即便是同一个行业，因为

第二章
AI提升企业管理效能

业务模式的不同也会有比较大的差异，我们在使用数据进行参考时，可以多找一些相似度大的企业或部门进行对比，如表2-1所示。

表2-1 2022年部分电商公司人均营收表

	2022年营收（亿元）	2022年员工总数（人）	2022年人均营收（万元）
唯品会	1,031	6,815	1,513
京东集团（不含京东物流）	9,115	60,650	1,502
拼多多	1,305	12,992	1,004
阿里巴巴（不含大润发）	7,805	131,955	591

（2）成本、费用相关指标

成本、费用相关指标用于衡量公司的人财物等资源投入的使用效率，可以把成本和费用分类进行统计，通过占比和人均等数据，分析投入使用情况。常见的指标如下：

人事费用率 = 人工成本总额 / 收入总额，此公式用于衡量公司人力成本投入在总收入的占比，和下文中即将讲到的人力成本元均产出互为倒数，这个指标多用于人事费用率的环比趋势分析，来看人力成本投入占比情况，而元均产出更多用来衡量投入的人力成本的产出效率。

人均销售费用 = 销售费用总额 / 销售总人数，不同形态的产品需要投入的销售费用不同，新市场开拓阶段或者新产品试水阶段，投入的销售费用比较多，反之则较少。

销售人数占比＝销售人数／员工总人数，不同形态的产品需要投入的销售人数也不同，一般情况下，对于标品化程度高的业务比如SAAS产品，销售人数多但人均薪资相对较低，需要匹配的售前人员也相对较少；但是对于定制化要求高，大型解决方案类产品则需要销售能力高的销售人员，人数相对较少，薪资水平高，且与销售匹配的售前也较多。

管理费用、销售费用、研发费用等各类费用在总成本中的占比通常可以衡量公司的费用投入情况，用来监测各类费用的使用效率和投入的合理性。

人均薪酬成本＝全职员工总薪酬成本／全职员工总人数，其中薪酬成本包括薪酬、奖金或提成、补贴、社保、公积金及异地社保支出的代理费等成本。此指标用来衡量薪酬成本的高低，可以进行内部横向对比，也可以利用这一指标来衡量我们的薪酬体系在外部市场上的竞争力水平。

人力成本占比＝人力成本总额／总成本，其中人力成本包括薪酬成本、招聘成本、培训成本、福利成本等一切与人员相关的成本支出。此指标用来衡量人力成本和其他投入的占比。知识密集型公司的人力成本占比高，是公司最主要的成本构成。

（3）增长率相关指标

这类指标通常用于企业的业务增长速度和投入增长率的对比分析，

第二章
AI提升企业管理效能

另外还可以对业务增长的贡献因素进行分析。通常情况下，我们希望业务增长率＞员工人数增长率＞人力成本增长率。然而，不同行业的主要影响因素不同，例如高科技类公司多数以人才为主要驱动增长因素，通常会对人力成本投入增长率和业务增长率进行对比。企业希望逐年提高人均产出，但不是依靠等比例地增加人数来提高公司业绩，而是通过技术手段或者管理手段实现效率提升。

常用的增长率指标如下：

利润增长率＝（当期利润总额－基期利润总额）/基期利润总额

营业收入增长率＝（当期营业收入总额－基期营业收入总额）/基期营业收入总额

人力成本增长率＝（当期人力成本总额－基期人力成本总额）/基期人力成本总额

员工人数增长率＝（当期员工人数总额－基期员工人数总额）/基期员工人数总额

平均薪资增长率＝（当期平均薪资总额－基期平均薪资总额）/基期平均薪资总额

（4）人力成本产出相关指标

此指标用于衡量公司投入的人力成本带来的产出，或者称之为元效，即每投入一元钱的人力成本带来的业绩产出。

元均营业收入（元均ROI）＝营业收入总额/人力成本总额

元均净利润＝净利润总额/人力成本总额

元均毛利润＝毛利润总额／人力成本总额

以上是常用的组织效能指标，这些指标除了和财务数据挂钩外，还可以和其他业务运营数据关联分析，例如客单价、转化率、售罄率、周转率、损耗率、新客人数、老客人数、留存率、复购率等，这些指标既可以结合投入情况衡量运营效率，还可以作为考核指标。

此外，这些指标还可以结合人力资源管理常用的指标进行交叉分析，例如营业收入占比、人数占比、平均薪资、主动离职率、核心人员离职率、高绩效人员离职率、员工满意度、薪酬分位值等，多维度进行结论的验证。

案例：如何改善人效水平

为了更好地说明如何使用这些指标，我们将通过实例来展示如何对组织效能水平进行深入的分析。

某高科技公司人效数据表现如下：

（1）今年的人均销售收入比去年低20%（自己跟自己的过去比降低了）

（2）与外部同类型公司的人均销售收入相比低33%（和外部对比低于平均水平）

（3）近三年的签约合同中，纯软件项目收入占比仅为5%，但成本占比达到30%（投入产出贡献不匹配）

第二章
AI提升企业管理效能

（4）人数基本与去年持平，但是人员的主动离职率是去年的2倍（组织动荡，内因可能是主要影响因素）

由这些数据可以看出该公司今年的产出效率下降，排除外部因素影响后，我们可以进一步从内部因素着手，探讨是否可以通过采取某些措施来进行改善。例如主动离职的人多数是公司不希望离开的人，而主动离职人数增加，说明公司内部可能有一些因素造成了主动离职率的增加。另外，虽然受到外部因素的影响，但是人均产出远低于外部水平，说明该公司还是存在很多可以向行业优秀企业学习和提升之处的。

针对此类问题，我们分析了原因并进行了相应的处理。

首先，企业在确定人力成本投入的合理额度时往往感到困惑，由于缺乏相应的人效、元效指标来衡量，以及缺乏内外对比分析的依据，导致项目来了人不够就招人，项目少了人员闲置，又没有处理办法造成人力成本的浪费。因此，我们基于历史数据分析和当前企业的目标分析，以人效、元效年增加15%为标准，设置了预算和人效、元效管理的模型看板，并且和相关人员达成共识，借助飞书的多维表格功能进行数据监测，作为日常成本投入和目标达成的数据看板。

其次，该企业目前的人才结构配置需要进行优化。经过盘点人才的利用效率和项目情况，使用正式员工＋外包员工的方式解决项目波动带来的人员波动，降低人员闲置成本；

另外，加强绩效管理，明确考核目标，例如管理者的考核目标有质量、数量、时间、成本四个维度，通过AI数据看板了解各项考核目标的进展情况，并且在如何进行绩效管理、如何应用数据看板、如何带团队等方面为管理者进行培训，提升管理者的管理能力。

再次，通过数据分析发现该企业的项目分布在全国各地，之前需要从北京外派人员进行项目交付，这也是项目交付成本高的主要原因。经过多方面的权衡后，选择石家庄作为二线研发交付中心，按产线划分交付小组，逐渐从外派交付过渡到属地化项目交付和管理，同时本地化招聘，人员成本也下降了不少。但是，由于当地的产研人员能力相对有限，人才数量较少，因此，与公司内河北的同事进行沟通，询问其是否愿意调动到石家庄公司，这样逐步完成了团队的组建。此外，通过负责政府关系的同事的努力，还成功获得了当地政府的支持与扶持，提供了成本极低的办公场地和税收优惠返还。这样，公司不但提升了交付效率，降低了交付成本，还获得了额外的收益。

最后，组织了若干次战略讨论会，对公司的产品进行了进一步的讨论与明确，例如是以标准化的产品为主还是以定制化的项目为主？哪些需要自主研发？哪些通过外包模式解决？产品矩阵和产品定位是什么？主要客户的行业领域和未

第二章
AI提升企业管理效能

来的发力重点是什么等。以上问题确定后，公司建立了两年业务模式升级计划，确定了公司的方向和组织调整的规划，如图2-1所示。

数据管理 2个月	预算及人效管理，使用数据和机制辅助管理决策
改善人才结构 6个月	1. 进行人才盘点，优化人才使用效率 2. 明确目标，引入绩效管理体系 3. 提升管理者能力，加强管理者培训
优化组织分布 1年	改善组织和人才分布： 1. 二三线研发交付中心和属地研发交付中心设立 2. 产线方式或事业部方式管理
业务模式升级 2年	业务结构优化：Saas、交付 自研+外包模式：即核心部分自有，非核心外部业务外包

图2-1　未来两年的组织及业务调整计划

二、影响企业效能的主要因素

组织效能的影响因素非常多，通常我们看得到的都是显性成本，通过降低成本投入可以降低显性成本，常用的方法包括通过裁员或降薪来削减人力成本，降低房租等固定性开支，以及通过节能措施来减少水电等变动成本。但是，降本不能降低企业的竞争力，否则会造成企业螺旋式下降。其实，对企业影响更大的是隐性成本。对隐性成本的降低既要进行识别，还要找到提效的方式。按照杨三角的理论，企业成功＝战略 × 组织能力，我们可以借助 AI 工具的能力，在企业战略和组织能力上寻找组织效能提升的手段，大致有如下几个方面。

在战略上，首先要保证战略方向是否大致正确，是否能够坚持长期主义，避免资源分散；其次，战略方向是否大致清晰，上下同欲；再次是战略和组织的适配性如何，如果企业战略频繁变动或组织结构未能及时调整以适应新战略，将导致资源错配和效率低下。

在组织能力上，是否有匹配的组织能力来实现战略目标，包括员工思维、员工能力、员工治理结构方面的有效性。对于管理运营体系

第二章
AI提升企业管理效能

成熟的企业，降本增效更多的是运营和管理的精细化，而对于创业公司，则需要避免犯一些致命错误。

在 AI 工具的使用上，可以借助技术手段进行企业效能的整体提升。

如果把人力成本按员工生命周期来看，可以通过降低招聘成本、用人成本、离职成本进行降本增效。具体包括人员编制和预算管理、多样化用工模式、差异化薪酬策略、组织人才盘点、高效能组织文化建设、管理流程优化等。

在接下来的内容中，我们将重点分享如何借助 AI 工具来明确战略方向并提升组织能力。同时，我们也将深入探讨如何有效控制显性成本，并特别关注那些常被忽视的隐性成本，如会议成本、沟通成本及协作成本等。我们将分享一些成功的经验，也会揭示一些失败的教训，希望能为大家提供有益的启示和借鉴。

三、利用 AI 能力进行组织提效

1．AI 在各个领域的广泛应用

AI 技术的发展速度真的非常惊人，已经在广泛地改变着人们的生活，例如智能家居大大地提升了人们生活的便利性，窗帘、电视、空调等都可以通过手机远程控制，还可以通过语音控制；智能音响方便了获取信息的方式，可以问天气、问时间、设置闹钟，还可以听音乐、听小说等，周围的一些朋友由于没有时间带孩子读绘本，就通过小爱同学陪伴宝宝，给宝宝讲故事、唱歌；图像识别的普及实现了人脸支付、自动货架、自动门禁等功能，大大方便了人们的日常生活；刷短视频、购物、阅读等的智能推荐，都在影响着我们的生活。而大模型技术的发展，更是将人工智能的发展带上了一个新高度。

AI 发展的主要影响因素包括算法、算力和数据，算法能力需要有相应的算法人员支持，算力需要有资金支持，而数据的获取则更加困难。中国的互联网用户数排全球第一，也是在全球范围内首个互联网

第二章
AI提升企业管理效能

用户数突破10亿人次的国家。如此庞大的数据基础，意味着中国人工智能的发展潜力巨大。对大模型投喂什么数据，就会训练出什么样的模型，模型质量受数据影响。想要大模型的质量更优异，就需要对数据质量提出更为严格的要求，或者通过增加人为判断和专家知识输入来提升大模型的准确性。善于使用AI工具的企业将获得更高的发展，拒绝使用AI的企业可能会被淘汰。

大模型应用广泛，已经在各行各业崭露头角，包括金融、医疗、工业、电商等行业。例如在医疗行业可以通过AI分析医学影像，加快诊断速度，提高诊断的准确性；在线聊天机器人能够提供医疗咨询和诊断服务，通过用户的症状描述，聊天机器人根据症状提供可能的诊断和建议；在金融领域，AI工具可以帮助企业进行风控和投资建议，辅助贷款信用评级等；在自动驾驶领域，AI可以辅助自动驾驶、仿真测试；在政务领域实现政务自动化、智慧城市，例如实现智能交通管理、智能线上业务办理、智能政务问答系统等；在电商领域，AI实现了智能推荐、自动补货系统和库存管理预测、路径规划、虚拟试衣等功能；在教育、培训、自媒体领域，应用比较广泛的是虚拟数字人；除此之外，还有智能安防、智能门禁等基于图像识别能力的应用，在此不一一列举。

AI技术的发展已经有几十年，但都是面向政府或者企业等G端和B端客户，以上行业的应用多数是解决客户发展中的问题，例如自动驾驶是对自动驾驶行业和自动驾驶汽车的发展促进。如果企业需要对自己的某个业务环节进行智能化，可以找所在行业的人工智能公司以项目形式或产品形式解决，一般而言，以项目形式呈现的产品费用会相对高昂，因为其中包含了大量根据客户的特定需求进行的定制化开发。相比之下，以标准产品形式提供的解决方案价格较为亲民，但其与企业实际需求的契合程度可能较为一般。

最近被大众所熟知的，并且逐渐在企业中广泛应用的是面向 C 端的 AI 工具，下面就介绍一些工具供大家参考借鉴。

2．常用的 AI 工具

（1）招聘工作提效

- 简历的智能分析与筛选：虽然招聘网站也提供简历筛选功能，但借助一些先进的 AI 应用如 Dify，我们可以对简历进行更深入的自动化分析和评分。另外，微软 Copilot Studio 还能定制企业专属的简历自动筛选系统，使用更为灵活。
- AI 面试官的应用：利用海纳 AI、北森等智能面试工具，可以高效地对蓝领、校招生等人员进行面试筛选。这些工具能够提升面试效率，使招聘流程更加顺畅。
- 文案助手的辅助功能：文案助手在招聘过程中发挥着重要作用，它可以协助我们撰写职位描述，分析简历，对候选人进行关怀维护（保温），并自动发送面试通知等邮件。
- 职位监测系统：我们可以使用扣子等工具来创建职位监测工作

第二章
AI提升企业管理效能

流,实时追踪职位动态,确保招聘工作的顺利进行。

(2)培训及企业文化

- 个性化培训课程:员工进行简单的测试,就可以生成基于员工情况和需求的个性化培训课。

- 进行测试和提供建议:自动生成考试题目,并对考试结果进行智能化的分析。例如北森 AI family 就可以实现。

- 文化宣传元素:结合文化因素进行福利项目设计,增加情感元素。

- 宣传更生动有趣:利用可灵、Midjourney 等设计工具,我们可以轻松制作出富有创意的设计图和视频文件,这些作品能够生动展现企业文化,增强文化的传播效果。

(3)员工关系处理

- 法律咨询和模板生成:可以对 AI 进行法律咨询,还可以高效地生成法律文书、通知文档等法律文件,这不仅极大地减轻了 HR 在法律文本制作和法律意见输出方面的工作负担,还显著提升了工作效率。

- 分析员工的情绪状态:Hume.ai 是一款能够理解人类情感、适当做出反应并向用户传达情感的人工智能助手。能够判断员工的情绪状态,为领导层提供了重要的员工情绪洞察数据,进而采取相应措施调整员工心态,确保员工以最佳状态投入工作,从而进一步提升整体工作效率。

- 员工离职预测预警：通过员工数据、离职员工数据、离职原因分析、员工行为数据等，可以建立分析模型，预测员工离职风险。

（4）绩效管理

- 个性化改进绩效水平：我们可以利用北森的 AI 系统，对客服人员和销售人员的沟通音频进行深度解析，精准识别出员工在客户沟通上存在的问题。基于这些问题，系统为员工量身定制提升项目，从而有针对性地帮助员工提升绩效水平，增强他们的客户服务能力和销售技巧。

- 协助绩效目标设定：AI 还可以协助我们进行绩效目标的设定。通过 AI 的分析和预测能力，我们能够更加准确地制定符合企业实际情况和员工个人能力的绩效目标。这有助于激发员工的积极性和创造力，推动员工与企业共同实现更好的发展。

- 绩效结果智能分析：借助 AI 技术，能够对绩效结果数据和其他人力资源数据进行深入分析，精准评估员工的表现，更全面地了解员工的绩效，从而制定更有效的激励措施和培训计划。

（5）提升日常工作效率

- 撰写文案：例如各类通知、活动、制度等，还可以给会议室取名。

- 短视频制作：此类工具可以更高效地制作出高质量的短视频，满足各种宣传和推广需求。

- 文档翻译：上传文档就可以自动按照需要进行翻译，还能支持

第二章
AI提升企业管理效能

多种语义，提升海外员工的沟通效率，轻松撰写英文或其他外语。

- 问卷调研和结果分析：员工满意度、敬业度调研更轻松，还能对所有结果形成分析报告。

- 智能写邮件：邮件助手功能强大，只需根据提示输入相关信息，就能自动生成邮件内容的主体，大大节省了撰写邮件的时间。

- 核心内容提炼与阅读辅助：借助 DeepSeek、文心一言等大模型，我们可以帮助用户上传文档并自动分析提炼核心内容，更轻松地阅读和理解。

- 自动问答机器人：利用字节跳动的产品扣子，可以轻松创建自动问答机器人。这些机器人能够显著提升解决问题的效率，例如 WonderChat 等机器人可以仅回答预设范围内的问题，并可根据需求进行配置，包括选择公司标识、头像、颜色以及不同的 AI 模型（如员工服务可选择 customer support 模型）。数据源方面，可以选择网址或上传文件。

- 各个环节的系统通知提醒：系统通知提醒会在关键时刻发出温馨的提醒，让你不错过任何一个重要的会议、任务或提醒事项。

- 自助生成与打印证明：员工可以通过系统提出证明需求，自助生成并打印所需的各类证明文件，如收入证明、在职证明或其他证明，打印过程也十分简单快捷。

还有其他一些应用，由于涉及数据的安全性，一般都是在企业本地化大模型或者自己的系统内进行分析使用，例如财务数据、业务数据、薪酬数据、长期激励数据等，这些数据比较敏感，使用人群有限。

市场上也出现了很多垂直领域的大模型，例如进行英文学习的大模型，医疗大模型、金融大模型等，这些大模型还输入了专家知识，让大模型在垂直领域表现得更好。

AI可以大大提高生产力和工作效率，未来两三年AI可以替代越来越多的岗位，例如研发程序员、客服、同声传译等。但是降本增效的重心其实是在增效上，因此，我们可以更多使用AI工具作为企业变革的发动机。人力资源还需要在企业内推动提效工具的推广和使用，对企业内的工作岗位进行再设计，组织企业进行内部培训，帮助员工掌握这些提效工具。

案例：AI带来的组织架构优化

某公司大概有五十多人的设计师团队，包括平面设计、UI设计、产品设计等，按照不同的设计类别分组进行管理。由于公司产品多、活动多，还持续有新品上线，因此，公司的设计师们需要经常应对一些紧急的设计需求。

随着Midjourney、可灵AI等AI工具的诞生，一些设计师开始借助AI工具进行设计出图，通过工具生成的图片再略

第二章
AI提升企业管理效能

加修改，就可以大大提升出图的效率，并且大家都反馈通过 AI 设计出的图比之前设计的图更精美了。以往公司所有的设计出图都会找设计团队，人均工作量达到饱和，如何满足需求呢？设计团队的 HRBP 小 A 敏锐地发现，或许可以借助 AI 工具帮助设计团队进行组织架构的优化。

小 A 找到设计团队负责人进行沟通，梳理了现在公司所有的设计需求，并进行了需求分级分类和设计时长的统计。

第一类，公司内各部门活动宣传：例如财务部、人力资源部、安全部等部门都会有一些部门活动需要进行宣传，如果教会大家使用一些简单的出图工具生成文化宣传图片、招聘、员工关怀活动的海报等，就可以降低 10% 的工作时长。

第二类，公司产品和活动的设计图：如果设计师们都能学习并掌握 AI 技术，利用 AI 工具进行工作，那么他们人均出图的时间将能缩短 80%。即使明年的工作量翻倍，通过减少一半的设计师数量，也完全能够应对并达成既定的目标。

第三类，实体产品的设计：市场上有这样的 3D 设计工具可以用来提升效率，这部分可以先不调整，只需动态优化。

AI 工具使用效果明确后，经过人才盘点，公司对设计团队的组织架构进行了调整，调整后设计人员减少 45%。在人员减少了近一半的情况下，并没有对业务造成冲击，优化后的设计团队不仅更有战斗力，并且直接降低了公司的人力成本。

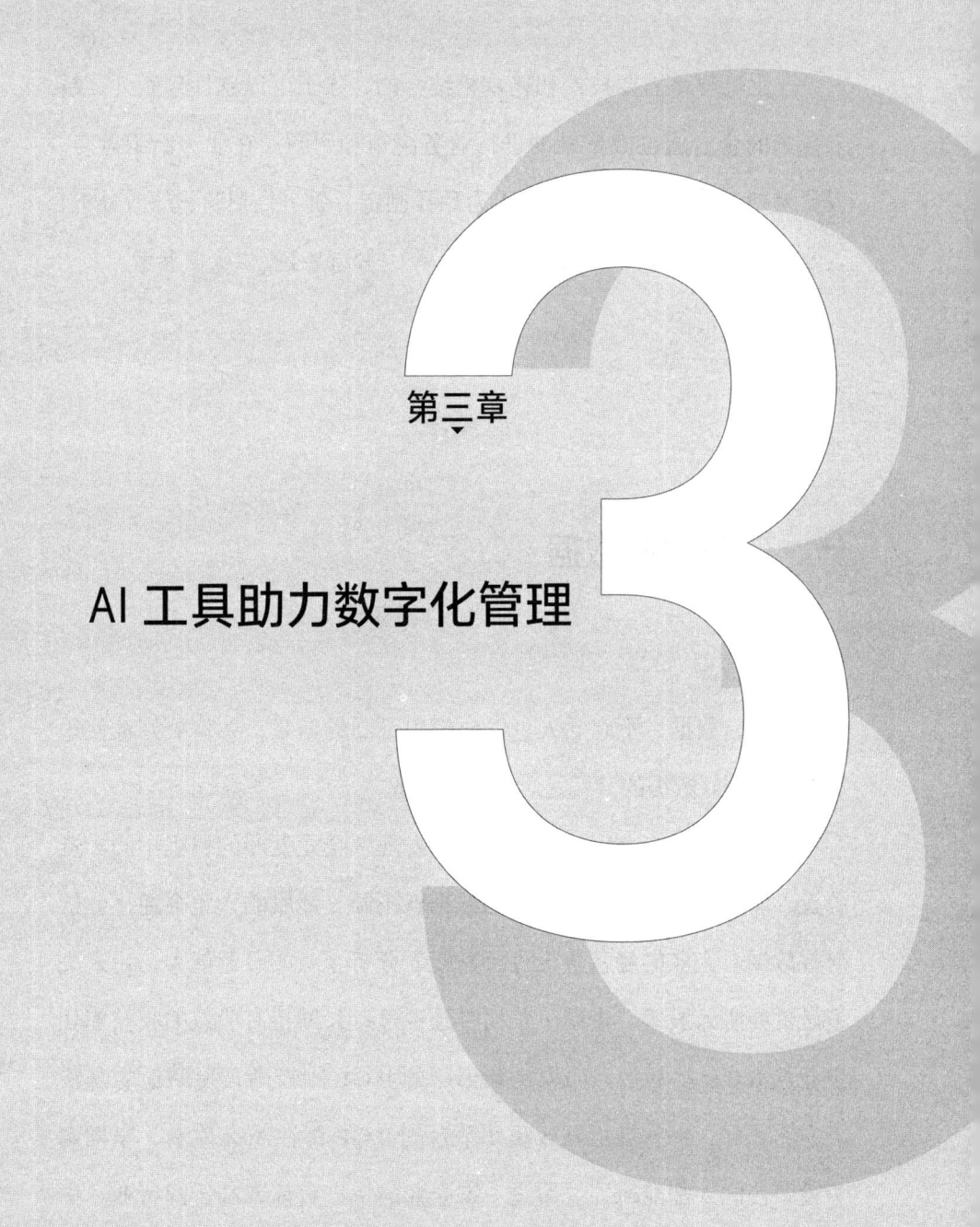

第三章

AI 工具助力数字化管理

企业管理是需要技术和艺术相结合的，除了可以感性判断外，越来越多的企业通过数据辅助进行业务决策和判断。在业务组织盘点、人员编制盘点（HC 管理）及人力预算制定、数字化招聘、绩效分析、人效分析、薪酬分析等方面，我们分享一些实战经验供大家参考。

一、如何用好数据

同样的数据，不同的人可以分析出不同的结果，如何更好地使用数据呢？用好数据的背后是对业务的理解。

我们看不同的上市公司的财报会发现，企业发展的目标不同，资源投入的策略不同，表现出来的数据就不同。炒股的人也会通过分析财报数据对企业的经营情况进行判断，分析企业的经营能力，用来决策是否要购入股票。查理·芒格曾经说过，长期持有股票的收益率和企业的 ROE 差不多。如果这家公司的 ROE 比较高，说明他的赚钱能力比较强，例如最近几年贵州茅台的 ROE 都在 30% 左右，早期购买过茅台的人都能赚钱。假设一家企业的资产负债率高于同行业，排除阶段性发展原因，那么这家企业的负债应该比较高，有一定的经营

第三章
AI工具助力数字化管理

风险；另外，如果这家公司的"应收账款 + 预付账款"比较多，钱收不回来，说明这家公司在上下游企业中属于话语权偏弱的一方。我们可以根据数据去洞察问题，再结合其他管理手段去寻找问题背后的原因。

在人力资源方面，人数、薪酬水平、人力成本、绩效结果、离职率、流动率等数据可以与业务数据和财务数据进行交叉分析，洞察企业管理背后的问题。在接下来的章节中，我们将为大家提供一些常见且实用的分析维度作为参考。

二、数据分析有哪些方向

1．业务组织的盘点

假设我们想对公司的现有业务和产品进行盘点，我们可以通过公司的产品、客户、部门几个维度，盘点不同的业务、产品的投入产出情况，发现不同的业务、产品的问题，从而进一步挖掘背后的组织、人员、机制的问题，并进行改善和制定提升的策略。此外，公司还可以结合自己的业务特点进行业务产品盘点模版的设计，进行人员投入分析，如表3-1所示。

表3-1　某公司人员投入分析

	现有产品方向	主要服务客户	部门人数	人力成本	对应销售人数/运营人数	对应售前人数	2024收入预期（万元）	人均销售收入（万元）
A部门	产品一	银行	123	36,877,755	45	25	5000	111
	产品二	银行			33	10	3000	91
	产品三	银行			19	9	2000	105
	产品四	政府			98	4	15000	153

第三章
AI工具助力数字化管理

续表

	现有产品方向	主要服务客户	部门人数	人力成本	对应销售人数/运营人数	对应售前人数	2024收入预期（万元）	人均销售收入（万元）
B部门	产品五	政府	88	29,313,989	54	4	10,000	185
	产品六	政府			109	3	18,000	165
	产品七	学校			78	1	10,000	128
C部门	新产品一	学校	69	21,205,611	22	1	3,000	136
	新产品二	C端用户			15		5,000	333

通过人员投入分析，我们发现C部门的六十多个人要负责B端的学校客户和C端的个人客户，而这两类产品的逻辑完全不同，并且没有功能交叉和复用的可能性。从公司的产品基因看，也没有做C端产品的经验，因此，这块业务虽然销售预期高，但是很可能无法完成，另外，这款产品的毛利水平是所有产品中最低的，因此，建议考虑阶段性收缩或者放弃；而面向学校的B端产品可以更大程度上复用公司其他产品的能力，而且属于轻量级销售模式，基本不需要售前销售，也可以独立拜访客户，因此，可以在这个领域增加一些投入进行市场的开拓，此业务有可能成为公司增长的第二曲线。

上述业务需求可以转化为组织需求，为了加强C部门在学校领域的组织能力建设，我们计划采取两项关键措施。首先，我们将在人员配置上进行战略性扩张。其次，我们将致力于优化和提升现有人员的绩效管理，来激发团队成员的积极性和创造力。

此外，还需要在销售人员培训和文化建设上增加相应的资源投入，帮助销售人员尽快出业绩，并且尽快融入团队；至于是否需要对学校领域的售前进行补充，可以结合实际情况，招聘人员可能需要做一下外部市场对标和人员储备；对C端产品收缩策略，需要配合业务发展节奏进行人员优化处理。

2．人员编制（HC）及人力预算制定

如果企业发展相对比较平稳，所在领域比较成熟，我们可以用历史数据作为人力成本预算的参考依据。以下是一家公司历史三年的人数、薪酬成本、销售收入、毛利额数据，根据这些数据，我们可以计算出每一年的人效（人均收入和人均毛利）和元效（元均收入和元均毛利），结合当年目标做简单的预测，如表3-2所示。

表3-2 某公司2022~2024年效能数据

年度	人数	薪酬成本（元）	销售收入（元）	毛利额（元）	人效1	元效1	人效2	元效2
2022年	209	5,830,021	28,518,102	6,844,344	136,450	4.9	32,748	1.2
2023年	215	5,933,814	27,585,383	7,034,273	128,304	4.6	32,718	1.2
2024年	228	6,177,521	33,005,861	8,416,495	144,763	5.3	36,914	1.4
合计	217	5,980,452	29,703,115	7,431,704	136,881	5.0	34,247	1.2

然而，如果企业业绩水平波动大，或者处于新兴行业，历史数据的参考性就大大降低，就需要考虑企业当年的目标，以及目前人效水平应该按照什么标准作为参考。另外，在实际的业务场景中，还需要

第三章
AI工具助力数字化管理

区分业务所处的发展周期，所处的行业特点，进行一定的调整。

3．数字化招聘

招聘是人力资源管理工作中最容易量化的一个模块，我们可以通过多个维度进行招聘工作的量化。例如，从数量、质量、时间、成本几个方面建立数据看板，可以对招聘需求完成的进度、招聘到岗的速度、招聘成本的使用情况、招聘渠道的效率、招聘人员的完成情况、招聘到岗人员的质量等多个方面进行评估，如表3-3所示。

表3-3　招聘常用数据指标

评价维度	评价指标	说明
数量	招聘数量—人员、渠道	各渠道的招聘到岗数量
	满编率	招聘到岗人数/招聘需求人数
	人均招聘数量	每个招聘人员的招聘数量
时间	招聘周期/平均招聘周期	招聘效率，从提出招聘需求到招聘到岗的时长
	各环节转化周期	各环节的转化时长
质量	各环节转化率	招聘漏斗各环节的转化质量和效率
	人员背景(名校名企)、人员职级、层级	招聘需求的人员要求比如985/211人员占比
	岗位稀缺程度	市场上的热招岗位或供需比比较低的岗位占比
	转正率/闪离率/留存率	试用期转正率 半年或一年闪离率 一定时间段内的留存比例
	试用期绩效	试用期绩效成绩占比
	一年内晋升率	一年内晋升人数占比(按自然年或者财年统计)

续表

评价维度	评价指标	说明
成本	人均招聘成本／渠道招聘成本	招聘总成本／招聘人数 招聘渠道单位成本体现渠道成本
	内推率、自猎率、猎头使用率	各招聘渠道的比例
	新入职人员薪资成本	新入职人员薪资／替换岗薪资 新入职人员薪资／岗位平均薪资

此外，我们还能通过数据发现招聘环节的问题，进行招聘效率的提升和招聘质量的改善。不同的招聘环节的转化率可以反应出不同的问题，以下是在不同环节的一些常见问题，如图3-1所示：

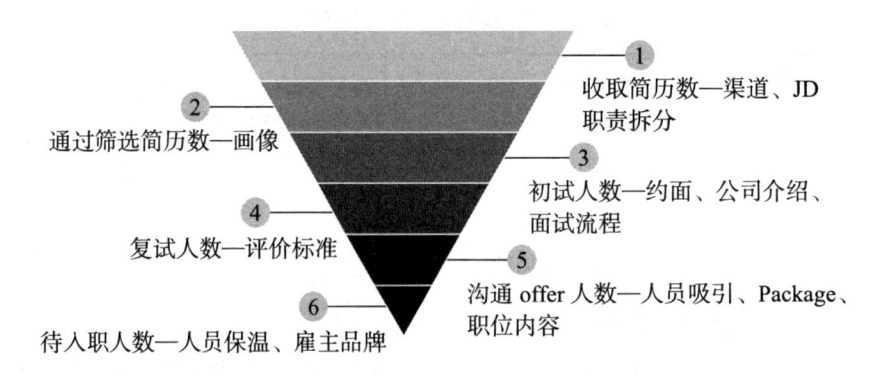

图3-1 招聘漏斗

1. 收取简历数—渠道、JD职责拆分
2. 通过筛选简历数—画像
3. 初试人数—约面、公司介绍、面试流程
4. 复试人数—评价标准
5. 沟通offer人数—人员吸引、Package、职位内容
6. 待入职人数—人员保温、雇主品牌

4．绩效分析

通过绩效数据分析，可以进行绩效目标设定的分析、绩效结果分布的分析、绩效曲线的分析等，并发现组织管理、制度政策、管理者管理能力等方面的问题，如图3-2和图3-3所示：

第三章
AI工具助力数字化管理

绩效管理数据分析

通过数据分析，可以更好地诊断公司绩效问题，找到管理抓手

各环节的数据指标：绩效目标分析、绩效结果分析

各层次的数据指标：公司层面、部门层面、业务线层面、个人层面

绩效目标分析：
- 公司目标是否有效分解和承接：没有目标落空无人承接
- 是否人人有目标：每个人都有目标
- 目标设置是否遵循 SMART 原则：目标设置的合理性

绩效结果分析：
- 目标达成结果分析：组织绩效上，公司层面、部门层面、业务线层面达成与否的原因分析，预测绩效趋势，制定应对策略
- 绩效结果分布情况：按部门、职级、司龄、序列等维度的绩效分布，分析组织能力问题
- 绩效潜力交叉分析：匹配后续人才发展管理动作，还可以结合能力评价综合判断
- 绩效激励交叉分析：激励资源分配效果，激励分配 VS 业务达成，优化激励配置 & 人员激励

思考：还有哪些可以进行分析？

图 3-2　绩效数据分析

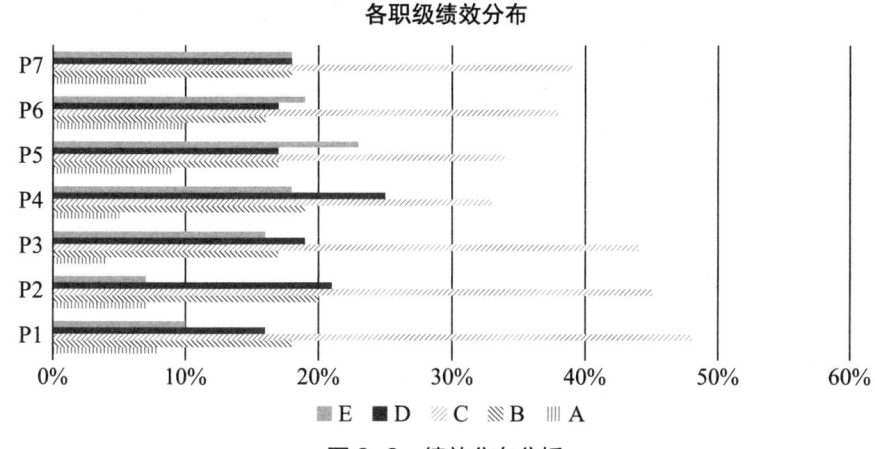

各职级绩效分布

图 3-3　绩效分布分析

5．人员流动性分析

我们还可以通过人员的流动性分析，发现组织的问题。以下是一些常用的人员流动性分析指标，如图 3-4 所示：

人员流动性分析

整体人员流动性通过数据分析，可以更好地进行人力资源规划，支撑经营管理决策

人员流动性数据指标	细分离职率分析：结合离职原因发现问题进行干预
入职率：某一时期的入职人数／（期初员工人数＋期末员工人数）/2×100% **离职率**：某一时期的离职人数／（期初员工人数＋期末员工人数）/2×100% **平均服务年限**：所有离职员工的工作总时长之和／离职总人数 **平均司龄**：所有在职人员的平均司龄 **关键岗位离职率**：企业中重要、核心的岗位的离职人数占该类岗位总人数的比例	**闪离率**：入职半年内离职的比例，可以衡量招聘有效性，管理者管理能力，公司文化氛围等 **高绩效离职率**：对公司影响比较大，关注业务匹配、职业发展、薪酬福利等因素 **管理者离职率**：管理者的离职可能对组织产生更大的影响，需要分析背后的原因 **不同司龄离职率**：不同司龄时长的离职率可以反映出相应的问题

根据分析结果，可以采取相应的措施来优化员工流动性

图 3-4　人员流动性分析

6．薪酬内部公平性分析

通过薪酬的内部公平性分析，可以发现企业薪酬管理中的公平性问题，帮助企业进行薪酬体系的优化，如图 3-5 所示：

第三章
AI工具助力数字化管理

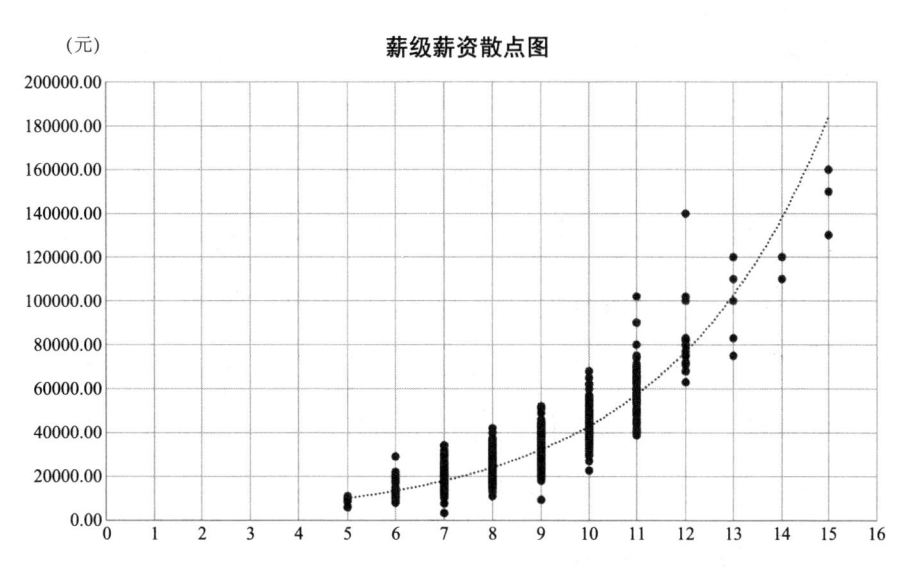

图 3-5　某公司 2021 年薪资散点图

7．人效、元效数据看板

对于数据看板的建立和人效、元效数据分析，我们会根据部门性质进行分类，通常分为利润中心和成本中心两类。

（1）利润中心。将业务部门视为利润中心，基于业务目标的不同，匹配不同的资源配置，根据人效和元效两个维度，按照成熟业务人效最低与去年持平的情况下，计算今年可以使用的薪酬成本总数，根据部门不同职级人员的平均薪酬，计算相应的 HC 需求。

人效 = 部门利润目标 / 部门人数

元效 = 部门利润目标 / 部门人力成本

（2）成本中心。将部门视为成本中心，基于所支持的业务目标不同，匹配的费率比例和人数比例，确定部门薪酬成本总额和 HC 数。

人事费用率 = 某部门人力成本 / 公司总收入

但是，不同行业的人效、元效有很大差异，不能仅仅通过人效、元效衡量行业的好坏。例如汽车行业是人效、元效最高的，因为汽车行业在生产、设计方面都有大量的投入，而员工起到的作用相对较小，就不需要为员工付出那么多的成本，因此人效、元效很高；而互联网行业投入到人才身上的成本最多，但是变现困难，所以带来的利润是最少的，人效、元效除了头部互联网大厂外，平均水平都比较低。

上述内容展示了一些数据分析的维度和看板实例，但值得注意的是，这些部分都蕴含着巨大的深入分析潜力，并且在实际运用中往往是相互结合、综合考量的。

例如，在观察部门人数变化时，若我们发现 A 部门今年人员扩张显著，这就促使我们进一步探究扩张的动因，评估人员变动的合理性。同时，我们还需要考察这种扩张对业绩产生的具体影响，判断其是否提升了工作效率，或是仍处于组织先行、为未来发展布局的扩张阶段。

另外，在分析人员主动离职率时，如果某些职位的离职率异常偏高，我们就应深入剖析离职的根源。若离职的主要原因集中在薪酬方面，那么进一步进行薪酬的外部竞争力分析就显得尤为重要。

综上所述，数据分析是一个多维度、深层次的过程，需要我们从多个角度、多个层面进行细致入微的考察和权衡，以确保得出的结论和建议具有针对性和实效性。

三、企业如何借助 AI 进行数据化建设

上述数据看板举例只是我们进行数据化分析的一部分，还有业务数据、财务数据等非常多的数据可以帮助我们对企业进行洞察和管理。数据化可以帮助企业更好地进行决策，借助 AI 能力可以更好地建设数据化看板。那么我们如何借助 AI 能力进行数据化建设呢？以下是几个比较重要的方面。

1．懂业务，提炼数据指标

只有深入梳理并理解业务逻辑，才能清晰地把握业务背后复杂的数据逻辑，并且通过数据分析发现业务目标完成的进度或者发展的问题。

多数企业都会分析财务数据，但是财务数据往往都有滞后性，如果可以建立业务数据看板，就可以通过业务数据看板及时发现问题并进行干预。例如电商行业，对客户数量、转换率、客单价、购买频次、复购率、留存率、损耗率、售罄率等数据指标进行过程的管理

和监控，建立小时看板，对业务进行更好地管理。还可以通过对每个时段的数据监测分析交易曲线，通过审视不同时间段内的用户数量变化，我们可以更有效地分析并确定在哪个时间段开展活动能够取得最佳效果。

2．理数据，建立分析看板

理清业务后，需要把数据指标对应的数据源进行整合，对获取到的数据进行清洗、加工和处理。借助 AI 可以帮助企业更好地建立数据分析看板。

数据处理后，重中之重是进行数据的拆解，我们需要思考按照什么维度进行拆解？如何建立数据的关联？通过一些数据分析沉淀后，就可以建立起数据看板，我们可以采取先固化再优化的模式，逐渐完善数据看板。

3．AI 化数据收集

对于外部数据，利用 AI 驱动的网络爬虫技术，可以自动从互联网上收集与企业业务相关的数据；对于企业内部的数据收集，AI 可以自动识别和整合来自不同数据源的数据。此外，还能够自动检测和纠正数据中的错误，提升人工收集和检查数据的效率。

4．自动化数据分析

AI可以自动对收集到的数据进行多种分析。例如，在电商公司，通过聚类分析算法可以根据客户的购买行为、购买偏好等特征给客户贴标签，划分为不同的群体，企业可以针对不同的客户群体设定千人千面的价格和补贴政策，还可以对不同的客户提供不同的商品推荐。

第四章

AI 帮助企业进行战略制定

一、企业战略的致命错误

企业的发展之路从不会一帆风顺，遭遇问题是难以避免的。然而，我还是希望能提醒大家，尽量规避一些可能会对企业造成致命打击的错误，以免重复踩坑，给企业发展带来不必要的阻碍。

1．太贪心，什么都想做

有些大公司不懂得精简，什么都想插一脚，结果机构越来越庞大，发展就慢下来，甚至不动了。还有一些初创公司，刚开始就什么都想做，结果把自己搞得手忙脚乱，企业发展也遇到了大麻烦。虽然市场大、客户多，机会看起来到处都是，但实际上，没有哪个公司能把所有客户的钱都赚到。一开始创业应该先打穿打透，再进行复制和扩张，稳扎稳打才不至于消耗过快，造成资金链断裂，往往什么都想要就什么也得不到。

A总是一个创业公司的CEO，他一直以来非常优秀，从

第四章
AI帮助企业进行战略制定

来没有输过。毕业后在一家公司工作，第五年就晋升为该公司最年轻的中层管理人员。没多久他辞职开始创业，他心高气傲，觉得没有自己做不好的事情。

她在公司成立时就提出了公司的使命愿景，也确定了公司的发展方向，但是这个方向做出的产品太新，没有市场，客户不买单，需要花费大量的时间和精力教育客户、培育市场，公司业绩也迟迟上不去。后来，公司的几位合伙人有一些自己想做的方向，建议做出调整，改变公司眼下的困局。

CEO拉着几个合伙人一起讨论，大家争执不下，都觉得自己提议的方向好，A总一时也没了主意。他觉得每个项目都不错，听起来市场盘子都很大，哪个都不想放弃，于是就当了和事佬，说各个方向都可以试一试。结果这下可热闹了，每天都有人来和他抱怨资源不够，给了这个，那个又不够，总是拆了东墙补西墙，但是无论如何调整都还是不够。

CEO决定进行人员扩张，增加资源，以为这下应该没问题了。可是扩张后，每个月的成本支出增加了几倍，收入却寥寥无几，各个项目都是起步阶段，都说还没有到收获的阶段。很快，公司的现金流出现预警，A总不得已取消了几个进展缓慢的项目，保留了两个相对进展快的项目。但是这段试错对公司来说真的是个难关，成本花了不少却没什么回报，资金一下子变得很紧张。更糟糕的是，因为不得不砍掉一些项目，还走了好几个精心培养的核心员工。所以，不管是大公司还是小创业公司，都不能太贪心，得知道自己的底线在哪里。

2．缺乏战略定力

很多创业公司的战略选择不坚定，哪里热门就去哪里，没有结合自己公司的各项能力情况进行定位，往往是赔了夫人又折兵。还有一些公司，在多个方向中摇摆，迟迟无法做出战略选择，最终错失机会。

战略就是选择和取舍，一定要结合自己公司的能力和市场机会，选择合适的战略方向。战略方向的选择需要有足够的信息输入和充分的讨论共识，可以借助一些模型进行战略分析。常见的战略分析模型有波特五力分析模型、波士顿矩阵、业务价值链分析、五看三定模型、SWOT分析等。战略方向的确定需要企业的关键合伙人讨论并达成共识，只有心在一起才能力出一孔。

战略方向确定后，可以不时地进行校准和微调，但是大的方向基本不变，这样公司的核心能力会越积累越强，对市场的把握也会越来越准。如果遇到问题，要冷静分析，进行问题定位并推进解决，同时还要有一定的战略定力，不能朝令夕改。

A总带领公司打拼了几年后，业务开始渐渐进入正轨。最

第四章
AI帮助企业进行战略制定

近公司还获得了一笔不小的融资，更是给A总带来了信心，但是也面临着更多的选择。首先，他的产品投入市场后，在某些区域的政府客户上反馈非常不错，其他区域的政府客户就不买单。其次，公司现在的产品门槛非常高，其他公司一时难以模仿，但是使用门槛也很高，需要技术人员长期支持，成本比较高，因此企业方面的用户比较少。如果要面向企业客户，就需要对产品进行功能拓展来满足企业客户的需求。A总让团队做市场规模预测和客户分析，但是由于公司的产品较为新颖，其未来的市场表现难以准确预测。因此A总迟迟无法做出决定，在下一阶段究竟应该向哪个方向发展，所以只能先维持之前的方式，在政府客户上承接更多的项目，以项目需求来定公司的产品走向。但是项目需求非常机动和分散，各个区域的政府客户需求差异大，没有办法形成清晰的产品规划。后来A总的公司逐渐成为项目型的公司，因为产品在通用性上始终比较差，因此公司也只能做着毛利低又定制化高的一个又一个项目。

战略选择是不容易的，有时是痛苦的，甚至需要以放弃短期的高额利润为代价。但是作为公司的掌舵人，就是需要从纷繁复杂的机会中发现最佳方向，并且能够坚定不移地走下去，直到成为领域中的佼佼者后，再进行扩张和发展。

3．重品牌奖项，轻客户体验

一些科技类公司的创业者认为，公司品牌和奖项的曝光非常重要，常常花费非常多的精力在这些事项上，为了获得这些宣传和奖项去占用本来就很有限的资源，对客户的需求反而放在第二位，迟迟打磨不出像样的产品。公司虽然在短期内博得了眼球获得了知名度。但是长期来看，因为没有能够支撑公司业务的产品而无法获得相应的回报。

另外，过早地投入大规模的品牌宣传活动，可能会在消费者心中形成对公司特定的初步认知。然而，随着企业的不断发展和创新，其方向和产品可能会经历频繁的调整与优化，甚至品牌本身也可能需要随之更新迭代。这种过早固化品牌形象的做法，不仅可能导致资源的无谓浪费，还可能向客户传递出一种品牌不稳定或方向不明的印象。这类问题在那些专注于技术极致追求，却忽视了产品商业化路径规划的公司中尤为常见。

A总在技术上非常追求极致，但是一直无法实现产品的商业化落地，最近他认识了一位在品牌市场上非常优秀的人选B总，他觉得终于找到了可以帮助他打开商业化突破口的人。B总入职后，在公司的奖项获取上、新闻报道上、政府关系引入上都带来了很多的资源，A总也一时成了各大媒体的宠儿，开始频繁出席各种采访和会议邀请，导致他花在产品规划上的时间减少。另外，B总还为产研的同事报名了很多业内的比

第四章
AI帮助企业进行战略制定

赛，公司也获得了很多大赛奖项，导致产研的同事没有时间去打磨产品。因此，在开拓市场上，公司的产品屡屡落败于竞品公司。A总非常不解，为什么获得了更高的市场宣传，取得了更多的关注和线索机会，但是却拿不到更多的订单呢？

这其实正是许多创业者选择将更多精力倾注在产品打磨和客户沟通上的原因。因为商业化的基石在于提供能够满足客户需求的产品，如果公司虽然名声在外，但产品却无法令客户满意，那么最终的结果很可能是赢得口碑却未能赢得市场。

4．产品太超前，市场培育周期长

产品创新是推动企业发展的核心动力，然而，这一创新过程并非盲目追求新颖性，而是必须深深植根于市场需求之中。产品的诞生，应是为了解决客户的切实痛点，满足其未被满足的需求，唯有如此，客户才愿意为之买单。那些过于超前、脱离当前市场需求的产品，往往需要漫长的市场培育期，这对企业来说意味着巨大的风险与挑战。在资金流紧张的情况下，企业可能还未等到市场成熟便已难以为继。因此，产品创新必须建立在对客户和市场需求深刻理解的基础之上，任何脱离这一基础的创新尝试，都如同在茫茫大海中航行而失去了指南针，风险极高。

通常而言，市场成熟度与竞争激烈程度呈正相关关系：市场越成熟，竞争越激烈；市场越早期，竞争则相对较小。然而，这并不意味着早期市场就能长期保持低竞争状态。一旦市场需求得到确认，随着时间的推移，必然会有越来越多的参与者涌入，竞争态势也会随之加剧。因此，企业不能满足于一时的领先，而应持续迭代产品功能，不断创新，以保持其在行业中的领先地位。值得注意的是，有些企业虽然敏锐地捕捉到了市场的新机遇，但并未能如愿以偿地迎来市场的爆发式增长。这往往是因为它们过早地踏入了市场，成为"先行者"中的"孤独者"。

5．扩张过速，能力滞后，成本飙升

在商业竞争的激烈浪潮中，部分公司为了迅速抢占市场份额，进行快速的人员招聘和规模扩张，以期通过人海战术快速扩大规模。然而，对企业而言，组织能力的提升并非一蹴而就，它需要时间的沉淀与积累。但是，规模的增加带来的成本提升却是立竿见影，若不能在短时间内实现业绩的显著增长，便可能陷入困境。更糟糕的是，业务没有如期增长又开始进行盲目裁员，很可能积累起来的商机因为人员流失而白白投入，组织能力又遭到破坏，触发一系列恶性的连锁反应，对企业的长远发展造成不可估量的损害。

以 W 公司为例，这家软件公司在业界以出色的学习与复制能力著称。他们曾快速模仿竞争对手的产品，成功打造出

第四章
AI帮助企业进行战略制定

一个产品雏形。在初期快速发展的推动下，W公司迅速积累了一批天使客户，并因此萌生了进一步扩张的野心。他们计划大幅扩充销售团队，目标是在当年实现销售人员数量翻倍，次年再翻一番。

经过一段时间的努力，销售人员陆续招聘到位，但业绩却并未如期翻倍。其中原因一方面由于产品能力有限，W公司的产品基础未能支撑起这一宏伟目标。这个产品的底层技术架构设计难以满足高并发的业务场景，仅能满足规模小、业务场景简单的公司的需求。当面对业务相对多元或者规模较大的公司时，多业务场景的需求与性能指标均无法得到满足，导致签约受阻。而另一方面，公司的组织管理能力建设也没有跟上公司的扩张速度，例如销售人员和产研人员的配合机制问题、产品需求管理机制、定制化开发规则等都还不完善，部分销售人员为了业绩，过度承诺了交付目标，而产品研发的进度与能力却无法满足这些承诺。这一局面不仅造成了公司成本的浪费，还引发了诸多客户投诉与负面影响，对公司的发展构成了严峻挑战。

由此可见，企业的发展不能急于求成，而应稳扎稳打。W公司的案例便是一个深刻的教训。在追求市场扩张的同时，企业更应注重产品能力的积累与组织能力的建设。只有当我们的产品真正具备竞争力时，才能在激烈的市场竞争中立于不败之地。

6．缺少保证企业运行的现金流

一般情况下，企业可大致划分为盈利导向型公司和估值导向型公司两大类。这两种类型的公司在经营策略与目标上存在着显著的差异。盈利导向型公司，顾名思义，其核心目标在于通过业务运营实现稳定的盈利，强调的是企业的"造血"能力。这类公司通常拥有更为稳健的现金流，能够为企业的持续发展提供坚实的财务支撑，确保在市场竞争中立于不败之地。

相比之下，估值导向型公司则更注重企业的市场价值与成长潜力，它们往往追求的是成为"值钱"的公司。然而，在当前资本市场整体热度下降的背景下，除少数热门行业外，投资者普遍更加看重公司的盈利能力。因此，这类公司也需适时调整策略，展现其盈利实力，以赢得市场的认可与投资者的青睐。

无论企业属于哪一种类型，现金流管理都是其不可忽视的重要环节。现金流是公司生存和持续发展的必要条件，一些风险偏好型的老板往往比较激进，对公司发展过于乐观，提前预支和借贷，一旦出现业绩不达预期或者一些突发的意外情况，就会给公司带来现金流的压力，甚至出现经营风险。尤其是在公司进行业务扩张时，一定要提前做好规划，对现金流的把控和业务节奏的把控同样重要，否则可能"赔了夫人又折兵"。

第四章
AI帮助企业进行战略制定

  一般情况下，企业需要保证可以有维持一年半到两年的现金储备，如果现金流储备低于一年半的发展需求，就需要提前进行规划，例如进行股权融资或债务融资增加现金储备，加强管理业务回款进行资金回流，削减开销降低支出，甚至进行业务调整，避免陷入现金流危急的状态。

二、如何进行战略聚焦

1．为什么要战略聚焦

企业除了避免犯一些致命错误，还要避免资源过于分散，导致每项业务发展都不达预期，难达成业务目标，业务目标达成也是实现高人效的重中之重。企业要达成战略目标首先需要做到战略聚焦，为什么要进行战略聚焦呢？主要有以下几方面的原因。

- 提高企业产出：通过战略聚焦，企业可以将有限的资源集中利用，从而提高资源利用效率，实现更高的投资回报率。
- 清晰市场定位：战略聚焦有助于企业明确在市场中的定位，有助于企业更好地理解客户需求，提供更加精准的产品和服务，从而增强客户满意度和忠诚度。
- 增强核心竞争力：通过战略聚焦，企业可以专注于发展其核心竞争力，即在某一领域或市场上形成独特的、难以被竞争对手模仿的优势。这种核心竞争力不仅有助于企业保持市场领先地位，还可以为企业持续发展提供支撑。
- 适应市场变化：市场环境是不断变化的，新技术、新产品、新竞争对手层出不穷。通过战略聚焦，企业可以更加灵活地应对市场变化，及时调整战略方向，确保企业在激烈的市场竞争中保持领先地位，提升品牌形象。当企业在某一领域或市场上表现出色时，其品牌形象和知名度也会随之提升。这种品牌形象的提升不仅有助于吸引更多的潜在客户，还可以为企业带来更多的商业机会和合作伙伴。
- 实现可持续发展：通过战略聚焦，企业可以建立稳定的客户群体和市场份额，为企业的长期发展奠定坚实基础。同时，还有助于企业形成独特的经营理念和企业文化，为企业的持续创新和发展提供动力。

2．如何战略聚焦

发展是解决问题的根本，如果不解决业务发展问题，所有的提效会很快遇到瓶颈，并且有可能进一步降低企业的竞争力，毕竟节约成本远远比开拓业绩容易得多，如同一个家庭，靠攒钱是无法攒成富豪的，企业也是一样。那么如何进行战略聚焦呢？通常可以通过以下几种方式。

- 市场聚焦：首先要明确核心目标，聚焦在资源有优势的市场，打穿打透，在做透一个市场前，先不要进行市场的扩张，避免资源分散。

- 产品聚焦：建立产品矩阵，对每个产品进行定位，确定资源投入策略，要确保一个核心产品可以赢得市场认可，且可以逐步成为业务支撑来源。
- 客户聚焦：每个行业客户都有行业属性，需要结合自身的优势进行行业的侧重和筛选，如果是 C 端的产品，也需要对用户群体进行细分，结合产品情况进行侧重。
- 资源聚焦：企业的资源有限，不可能在所有领域和市场上都进行广泛而深入的投资，企业应该将有限的资源集中在最具有潜力和竞争优势的领域。

当企业在一个领域发展到一定规模，需要在保持核心领域竞争优势的同时，关注并评估潜在的多元化机会，以应对市场变化和不确定性。战略扩张需要遵循 Chris 的从核心扩张原则，即以核心为基础的扩张战略。企业在扩张过程中应保持和强化其核心竞争力，不可盲目扩张。以核心为基础的扩张，要围绕其核心业务进行，而非盲目地涉足不相关领域。这种扩张策略有助于企业保持和强化其核心竞争力，同时降低扩张过程中的风险；另外，遵循相邻扩张原则，相邻业务是上下游或同一行业类别，而不是完全的跨行业、不相关的业务领域，例如产品相邻、客户相邻、能力相邻等；此外，还要控制每一次扩张的速度，盈利后再进行下一步的扩张。在扩张过程中，要打造可重复运用的扩张模式，这样才有助于企业在未来的扩张过程中更加高效和灵活，帮助企业可持续性盈利发展。

三、如何进行战略目标的确定

企业明确了需要战略聚焦，接下来的问题就是如何在众多的市场机会中进行选择，确定自己的战略目标。战略目标的确定有很多工具可以参考，我们可以结合一些工具进行战略目标的设定。经典的工具包括 SWOT 分析、PEST 分析、波特五力模型、BCG 矩阵和 Ansoff 矩阵等。

借助这些工具，企业能够更清晰地识别出对战略产生重要影响的关键因素。除此之外，我们还可以引导核心团队共同参与深入的共创讨论，聚焦于以下几个关键问题，从而助力企业更加明确地界定并优化其战略目标。以下是我们借助 AI 工具的分析功能和问答功能进行提炼和梳理出来的极简版，可以帮助我们进行战略选择。

（1）行业的痛点和问题分析：在探索市场机遇时，关键在于验证需求的真实性及客户的付费意愿，确保所针对的是真实且亟待解决的行业痛点。为此，积极寻找并接触天使客户至关重要。通过与他们的深入沟通，我们可以更好地理解市场需求，共同探索能够切实解决问题的产品、服务或解决方案。

（2）产品、服务及解决方案：找准客户需求痛点后，解决方案的形式需依据企业能力长项来设计。我们应评估团队所拥有的人才与资源，判断是采取标准产品、咨询项目还是服务支持的方式来满足客户需求。选择最适合企业发展的路径，以确保能够高效且精准地解决客户痛点。

（3）市场规模和财务表现：分析一下这个行业的市场规模，可以支撑公司发展的空间市场有多大，需要投入多少资源。

（4）竞争优势和竞品分析：需分析当前市场上的竞品公司及其市场分布，明确自身的优势与劣势，选择一个差异化的市场切入点，以独特优势分割市场份额。

（5）客户和市场是谁：面对广阔市场，需明确目标客户群与主战场，进行投入产出分析，预估盈利周期，确保公司财务可承受。

（6）战略规划下的组织规划：为实现战略目标，需构建相应团队并规划配置节奏，明确如何获取所需资源与人才。

案例一：战略扩张的选择

C公司是一家人工智能公司，他们的人工智能产品在市场上有一定的市场地位，希望再进一步打开市场，做一些产品上的延展，于是他们进行了战略共创讨论。一位高管提出了

第四章
AI帮助企业进行战略制定

一个新的方向：市场调研发现，随着金融行业的经济压力增大，银行客户对于App端云上业务办理的需求呈现出明显增长趋势，尤其是大型银行，在寻求业务创新以应对挑战的过程中，对此类服务的需求尤为迫切。C公司迅速响应，对比现有产品后发现，虽然与市场需求存在一定差异，且开发新功能的工作量较大，但凭借公司在技术领域的深厚积累和显著优势，完全有能力满足这一需求。

通过SWOT分析，我们进一步明确了公司的优势、劣势、机会和威胁，为制定市场策略提供了有力支持。市场规模调研显示，虽然中小银行对此类服务的需求相对平缓，但大型银行的需求却十分旺盛。当前市场上虽有一些公司提供类似服务，但尚未出现一款能够完全满足市场需求的产品，这为C公司提供了切入市场的机会。

然而，经过深入的投入产出分析，我们发现至少需要三年的时间才可能实现盈利。在综合考量了市场需求、竞争态势以及公司的长远发展后，团队经过慎重讨论，决定暂时放弃这一战略扩张的机会，等待更加合适的时机。

若公司明确了新的战略方向，紧接着需依据该方向设定大致的战略目标，并围绕这些目标详细规划行动计划的每一步。这一过程涉及对可行路径的深入分析与拆解，旨在找到一条通往战略目标的高效且阻力最小的"战略路径"。战略路径不仅是实现目标的推进方向和具体行动蓝图，它还涵盖了方向指引、详细行动方案以及资源的有效配置等关键要素。

选择恰当的战略路径对于战略目标的达成具有决定性意义。一个精准无误的战略路径能够确保企业资源得到最大化利用，显著降低战略执行过程中的障碍与阻力，从而大幅提升成功的概率。因此，在战略规划阶段，公司必须深思熟虑，确保所选路径既能紧密贴合战略目标，又能灵活应对市场变化，为实现长远愿景奠定坚实基础。

案例二：AI 应用支持战略目标的设定

借助 AI 系统进行风险预警，不仅能够实现全方位覆盖，还能确保 24 小时不间断监控，字节跳动旗下的 AI 产品"扣子"便是助力企业达成此目标的利器。作为 AI Agent 应用开发平台领域内用户规模首屈一指的产品，"扣子"能够为用户提供一套高效构建 AI 应用的解决方案。

M 总是一家公司的人力资源负责人，他需要监控几个竞品公司的融资信息、高管变动信息、组织架构调整信息以及招聘职位信息，以此来判断竞品公司未来的发展规划。M 总公司计划明年要在产品线上进行战略调整，主要包括以下几

第四章
AI帮助企业进行战略制定

个方面。

第一，降低G端安防行业线的投入。鉴于该领域市场竞争激烈，公司当前的竞争优势并不显著。尽管此产品线仍是公司的主要收入来源，但多数项目利润微薄，部分业务线甚至处于亏损状态。

第二，计划提升B端市场中金融行业的占比，原因如下：首先，该市场相对成熟，具有稳定的业务需求；其次，金融行业客户通常拥有较为充裕的预算，有更广阔的价值空间；再者，公司在该市场的产品利润水平最为可观，有助于提升整体盈利水平；最后，该市场的产品具有较高的通用性，便于我们进行市场推广和业务拓展。

第三，硬件产品保持稳定。硬件产品线进入红海，一直在和竞品公司打价格战，虽然收入和利润都居中，但是长期来看不会加大投入。

第四，出海业务目前来看资源投入巨大，短期内看不到效果，四个新产品需要进行战略取舍，留下一到两个赚钱的产品，其他产品被淘汰。

对于公司的调整策略，M总希望从人力资源管理的角度给出一些自己的洞察和建议，但是公司一直在做降本增效，团队成员都忙得不可开交，没有人有时间做信息收集整理和分析，也没有费用找外部机构进行调查，因此他想借助AI应用帮助自己实现这个目标。通过对市场上的一些AI产品试用效果来看，他选择了"扣子"这款产品。通过"扣子"建立起招聘职位预警系统，通过关联招聘渠道，输入竞品公司的招聘职位关键信息，一旦竞品公司有招聘信息发布，就会有邮件通知M总；另外，他还对几个竞品公司的公司网站、披露信息网站、主要猎头公司、社交媒体等进行设置，如果行业有公司高管变动就会提醒M总；此外，对于在招聘网站上发布的一些长期招募职位，一旦发现某个特定职位的简历投递量显著增加，且多数简历来自同一家公司，系统会及时通知A总，这可能意味着该公司正在对该业务领域进行人员裁减或优化调整。

借助AI应用，加上一些社交渠道、招聘渠道以及其他信息的补充，基本就可以判断行业内主要的竞品公司的变化，经过严谨的交叉验证与系统的整理分析，M总从人力资源的角度出发，为公司提供了详实的战略决策参考信息。CEO对M总的工作表现给予了高度认可，并在此基础上，综合考量了M总的分析报告及其他相关因素，对公司的业务线进行了科学合理的调整与规划。

四、建立有效的决策机制

1．决策成本有多大

　　企业的决策成本已经成为隐性成本中不可忽视的一部分。在当今瞬息万变的商业环境中，企业面临的决策日益复杂，而每一个决策背后都隐藏着不可忽视的成本——决策成本。决策成本不仅关乎资金，更关乎时间、资源乃至企业的未来走向，不仅包括直接的财务成本，还涉及时间成本、机会成本以及沉没成本等多个方面。

　　决策成本有多大呢？某公司在一次融资中出现了一些问题，导致公司的现金流紧张，需要进行成本的控制。公司最大的成本支出就是人力成本。人力负责人和财务负责人一起根据对公司的了解和未来的发展规划迅速做了一版降本方案，包括裁员、福利项目调整、行政办公费用控制等一系列措施。然而，CEO心存顾虑，对调整方案举棋不定，担心调整不当，反致局势更乱。两个月过去了，又到了发工资的时候，财务负责人再次告急现金流情况，但他还是下不了决心。他又和各个业务部门负责人进行反复沟通，打算在明确未来发展规划之后，再对相应的内容进行调整。但是，发展规划迟迟定不下来，又过了三个月，公司的财务负责人再次发出了现金流紧张的预警信号，与此同时，人力负责人也提出警示，若不及时做出决策，将可能影响到年终奖金的正常发放，并导致人员优化成本的进一步攀升。此时，公司的现金流只能支撑半年了，CEO才不得已做了决定，但是之前的方案已经不能满足目前的现金流情况了，因此又对留下的人统一降薪20%，对公司造成了更大的危害。

此案例深刻体现了"布利丹效应"的困境。布利丹效应讲述了一头饥饿至极的毛驴，站在两捆完全相同的草料中间，可是它却始终犹豫不决，不知道应该先吃哪一捆才好，结果活活被饿死了。"布利丹驴"被人们用来喻指那些优柔寡断的人。后来，人们常把决策中犹豫不决、难作决定的现象称为"布利丹效应"。

"布利丹效应"有三大特点：第一，追求最优，这样往往会一再丧失机遇；第二，最乱，情绪乱、思维乱、选择的标准乱；第三，最慢，问题的发现慢，决策慢，执行慢。

2．如何降低决策成本

随着企业的发展，规模不断扩大，无法依靠一两个人做出所有决策，为了提高决策质量和效率，降低决策成本，避免出现悬而不决或者决策失误的情况，企业需要建立有效的决策机制。决策机制是一套

第四章
AI帮助企业进行战略制定

用于制定和选择行动方案的规则和流程，通常包括决策的主体、决策的流程和程序、决策的范围、权责利关系。借助 AI 工具助力企业决策，通过分析与预测建模，实时监控市场动态，作用愈发重要。

X 公司身处一个新兴且日新月异的行业，市场的快速变化对公司的决策效率与准确性提出了极高的要求。为了在这片充满变数的商业海洋中稳健航行，X 公司早在发展初期便前瞻性地设计了一套简洁而高效的决策机制，并在此基础上，融入了 AI 辅助决策的智慧元素，以进一步提升决策的科学性与精准度。

在公司战略层面，对于关乎公司长远发展的重大方向性问题，X 公司坚持由公司的核心决策团队——合伙人会议进行集体审议。合伙人团队分为常任合伙人与一般合伙人两类，其中一般合伙人任期一年，通过严格的推荐与投票机制选拔，确保团队的新鲜血液与多元视角。在合伙人准入方面，一方面需有现任合伙人的提名推荐，另一方面需获得半数以上现任合伙人的支持，方能进入决策核心。决策过程中，公司根据事项的重要性实施了分级决策机制：对于重大发展方向的决策，需全体合伙人一致同意；一般战略方向问题，则需半数以上合伙人同意；至于部门层面的发展方向调整，则在无合伙人提出异议的情况下，由分管合伙人拍板决定。

而在部门管理层面，X公司对于关键人员的调整采取了更为精细化的三方决策机制。这一机制涉及拟调整人员的直接上级、间接上级以及人力资源业务伙伴（HRBP）三方，确保决策的全面性与专业性。当三方意见出现分歧时，部门负责人与分管合伙人将及时介入，作为最终仲裁者，确保人员调整决策既符合公司整体战略，又兼顾部门实际需求，有效避免了因人事变动引发的潜在风险。

尤为值得一提的是，X公司在传统决策机制的基础上，创新性地引入了AI辅助决策系统。这一系统利用大数据、机器学习等先进技术，对公司历史决策数据、市场动态、行业趋势等进行深度分析，为合伙人会议及各部门决策提供数据支持与预测模型。AI辅助决策不仅能够快速筛选出关键信息，减少人为判断的主观性与局限性，还能通过模拟不同决策路径的可能结果，帮助决策者更加直观地理解各种选择的风险与收益，从而做出更加理性、前瞻的决策。

例如，在重大战略方向的选择上，AI系统能够基于市场趋势、竞争对手动态以及公司内部资源状况，生成多种战略方案，并对每种方案的预期成效进行量化评估，为合伙人会议提供科学依据。在部门人员调整时，AI也能通过分析员工绩效、潜能评估及团队结构等因素，为三方决策机制提供更为精准的参考意见。

第四章
AI帮助企业进行战略制定

得益于这套结合了人类智慧与AI技术的决策体系，X公司在面对行业快速变化时，能够迅速而准确地做出反应，确保了公司在重大问题上的决策基本正确。即便偶尔出现决策偏差，公司也建立了一套完善的责任追溯与复盘分析机制。相关决策人会主动承担责任，同时，AI辅助决策系统会协同人工，对决策过程进行全面回顾，识别问题根源，提炼经验教训，不断优化决策流程，确保同类问题不再重复发生。通过这种方式，X公司不仅在当前市场中稳住了脚跟，更为未来的持续发展奠定了坚实的基础。

3．AI支持决策提效

随着人工智能技术的飞速发展，AI已成为支持企业决策提效的重要工具。AI通过大数据分析和机器学习算法，能够迅速处理和分析海量信息，为企业管理者提供准确、全面的数据支持。例如，在供应链管理方面，AI可以实时监控库存状况、预测需求趋势，帮助企业做出更精准的采购和库存决策，避免库存积压或缺货现象，从而提高资金利用率和运营效率。

此外，AI还能通过自然语言处理和知识图谱等技术，实现智能问答和决策支持。当企业面临复杂问题时，AI可以快速整合相关信息，提供多种解决方案，并预测不同方案的可能结果，帮助管理者做出更明智的决策。除此之外，还可以借助AI应用建立决策机制输入信息的看板，提供决策所必需的信息输入。

例如，在产品立项论证阶段，可引入集成产品开发（IPD）流程，全面审视行业现状、市场规模、目标客户、竞品态势、产品独特优势（涵盖基础性能与特色功能）及开发规划与投入产出比等关键要素。AI技术能高效整合这些信息，提供数据分析与系统监控支持，为产品立项决策提供坚实依据。此外，借助字节跳动旗下的扣子应用，可构建战略分析模型，依据SWOT、PEST等框架，整合外部数据，借助AI力量进行深度决策辅助，确保战略决策的科学性与前瞻性。

第五章

AI 助力团队效能的提升

一、企业如何构建 AI 能力提升效能

1．组织管理的智能化

组织管理效能的提升还可以借助 AI 促进系统化、智能化实现。组织的信息化手段多种多样，在优化组织结构、提升审批效率和增强组织效能上都有明显的效果。以下是一些具体的信息化手段．

在文化品牌宣传上，可以通过微信公众号、视频号、抖音号等平台，以图文、短视频等形式展现，让员工及时了解相关信息和动态。例如，很多公司有自己的官方运营账号，用于展示企业的文化、品牌等宣传内容．

在内部信息化上面，可以利用信息化手段实现无纸化办公，如电子签可以将合同等线上化管理，不影响合同的法律效力并且提升效率；电子档案可以将人员信息、客户信息线上化，方便查找和分析比较；视频会议系统可以减少物理空间的限制，提升会议效率节约会议成本；内部 OA 审批系统，减少纸质文档的流转，提升审批效率，并且可以

第五章
AI助力团队效能的提升

系统记录和统计审批效率等。使用钉钉、飞书、企业微信等协同办公平台，可以实现跨部门、跨地域的协同办公，提高工作效率。此外，还可以运用 BI 系统，结合人力资源数据、财务数据、业务数据大数据技术分析各类组织数据，为决策提供科学依据。还可以通过大量数据积累，通过 AI 算法、机器学习、自然语言处理等技术实现智能化的信息处理和应用，如智能客服、智能推荐等。

企业在管理实践中，应逐步将积累的管理能力和形成的管理看板进行系统化与自动化整合。此举能显著提升企业管理的效能，确保管理者能实时获取最新的数据动态，从而做出更为精准的决策。同时，通过自动化流程，有效减少了对人力资源的依赖，使得企业能够将宝贵的人力资源重新配置到更为关键的领域，进一步优化资源配置，提升整体运营效率。例如，对于电商公司，每天的 GMV 都决定着月度、季度、年度目标的完成，因此，需要对交易数据实时监控，对于当日交易额差异比较大时，动态调整运营策略，以避免交易量差距过大，公司通过 BI 系统的开发，实现可以时时查看交易数据，动态调整运营策略的要求，管理人员可以收到每个小时的运营数据，操盘手可以查询实时的交易情况。此外，库存管理人员需要看到每天的库存变化，进行动态的补货操作，但是人为的手动补货经常出现比较大的偏差，后来引入了 AI 算法，进行智能补货，降低了手动补货的工作量，提高了补货的效率和精准度。

企业要实现信息化也需要有一个循序渐进的过程，因为信息化是一个复杂而系统的过程。首先，企业需要明确信息化的目标，根据企业整体战略和业务需求进行目标的设定，包括提高运营效率、降低成本、提高复用性等。在明确目标后，需要进行信息化需求分析，包括对现有业务流程的梳理、对系统应用现状的评估，以及对未来业务需求的预测。系统需求可能来自于各个部门，包括业务部门、技术部门、客服部门、销售部门、财务部门、人力资源部门等，需要对这些需求进行系统地分析，制订出信息化规划，明确信息化的总体目标、阶段性目标、实施路径、资源需求、时间节点等。另外，还应考虑信息技术的发展趋势和公司的实际情况，确保规划的可行性和有效性。之后，选择合适的信息化解决方案，包括系统需求、技术实力、成本费用、时间周期等。在系统化实施过程中，还需要和需求提出部门进行密切的沟通配合，避免由于实施周期比较长，业务需要发生变化，在系统上线前进行充分的测试，并且对相关操作人员进行培训，确保大家的使用覆盖率。另外，还需要注意系统信息的保密性措施和系统权限的隔离，避免数据泄露和信息扩散。好的系统能够满足业务需求，并且好用的系统才能达成系统使用和提效的目标。

例如，在人力资源系统上线之前，人力资源部门面临着烦琐的信息收集与处理流程。每当进行人员面试时，候选人需填写详尽的应聘登记表；随后，新员工入职时还需再次填写入职登记表，然后，人力资源专员再录入到 Excel 表中进行人员信息管理。这一系列流程不仅耗费了人力资源团队的大量时间，也影响了新员工的入职体验，因为他们

第五章
AI助力团队效能的提升

需要重复填写许多相似的信息。此外，手动录入到 Excel 表格中，也进一步增加了工作负担和出错的可能性。

然而，随着人力资源信息系统的引入，这一状况得到了根本性的改善。该系统充分利用了 AI 技术，实现了信息的自动化收集与处理。在面试及入职阶段，候选人只需扫码在线上填写信息或者对简历进行拍照上传，系统便能智能地识别、分类并存储这些信息。随后，这些信息将自动导入人力资源系统，作为后续人员管理、薪资发放等工作的信息基础。

这一变革不仅极大地提升了工作效率，减轻了人力资源团队的工作负担，还显著优化了新员工的入职体验。新员工无须再重复填写烦琐的表格，只需一次线上填写，即可轻松完成入职流程。同时，信息的自动化处理大大降低了人为录入的错误率，提升了数据的准确性和可靠性。

人力资源信息系统的上线，结合 AI 技术的应用，为人力资源部门带来了前所未有的便捷与高效。它不仅简化了信息收集与处理流程，还提升了新员工入职体验，为企业的长远发展奠定了坚实的基础。

其实这样的例子不胜枚举。信息化不仅直接提升了管理人员的工作效率，还降低了管理难度。随着企业人员规模的增加，管理人员数量不需要增加就可以轻松进行管理，节约了显性成本，即便人员规模没有增加，管理人员也可以腾出更多时间精力在其他事项上，提升了工作产出。另外，让企业花出去的钱收到了更好的效果，员工有更好的感受，间接提升了员工的满意度和敬业度，进而提升付出程度和业绩产出，最终，管理工作提升了效率降低了隐性成本。

当然，信息化也不是万能的，不能代替管理动作，我们需要把信息系统作为一个强有力的工具和助手，帮助我们提升效率，减少重复性工作，但是不要过度依赖系统，才能更好地进行企业效能的提升。

案例：智能化晋升系统

小Y公司的晋升评审工作是公司的年度大戏，需要人力资源部、用人部门和协同部门的管理人员、晋升人员等一起完成，大概要占用大家两三个月的时间。拟晋升提名人员需要准备晋升材料，人力资源部要组建晋升评审小组，协调组织晋升答辩会。

晋升的基本流程如下：首先由人力资源部提供部门人员信息，包括人员的学历背景、岗位情况、历史绩效成绩、人才盘点结果、参与的项目等，信息汇总整理后提供给相关用人部门。部门接到名单后，对拟晋升人员进行提名，提名时为了保证信息背靠背，需要人力资源部单独收集提名名单，并对提名名单进行初审。初审通过后，通知拟提名人员准备晋升答辩资料，资料准备好后，开始进行晋升答辩会。晋升答辩后，进行答辩评分和人员评价，提供发展建议，确定晋

第五章
AI助力团队效能的提升

升结果。最后，HRBP协同晋升人员上级和晋升通过人员进行一对一沟通，然后对线下制作晋升通过通知书，对晋升通过人员一对一进行发放。

大量的数据收集整理和paper work工作占用大家很多时间。后来经过评估，公司决定开发智能化晋升评审系统。通过晋升系统，可以自动汇总部门人员信息，并且分权限开放给用人部门和HRBP，极大地节约了大家的时间，提升了效率。此外，用人部门可以利用该系统提名拟晋升的员工。系统会对这些提名进行初步审核，主要依据基本的绩效要求等预设标准进行判断。通过初审的员工名单，将交由HRBP（人力资源业务伙伴）和用人部门进一步复审，最终共同确定拟晋升人员的正式名单。借助该系统，能够轻松组建起涵盖各部门的晋升评审小组。拟晋升人员只需上传其晋升答辩所需资料，评审委员会成员即可便捷地查阅相关资料。系统内嵌的日历功能还能直观展示空闲时段，便于各方预约晋升答辩的具体时间。在答辩过程中，评审人员可直接在系统内进行评价、记录建议，这些信息将自动归入相关人员的信息档案中，为后续的人才发展规划提供有力依据。晋升通过后，系统发送晋升通过通知书给员工本人、直接上级和HRBP，此举极大地节省了各方的时间与精力。

一次晋升就让智能化晋升系统的ROI回正。此外，还有自动化的团建费用管理系统，该系统能够智能生成团建经费，自动扣除已使用的费用并精确计算出剩余的可用团建经费，使管理者能够清晰掌握经费状况，从而进行合理规划。这些智能化的系统应用，在优化员工体验的同时，也极大地提升了管理效率与效能。

2. 企业管理流程的优化

企业可以对核心业务流程进行分析和优化，通过消除烦琐、低效的流程和手续，提高工作效率和员工满意度。流程管理需要适度，既能起到管理的作用，防范可能的风险，又不影响企业运营的效率。整体上流程的优化主要有：一方面是审批流的流程优化，包括简化、合并、删除、调整，另一方面是对接业务流程的简化。

某公司，尽管员工总数不足千人，却拥有超过三百项规章制度，加之众多制度后续历经多次更新迭代，形成了多个版本，即便是建立微信群这样的小事，也伴随着数项制度规范。审批流程更是错综复杂，需要专门人员指导相关人员选择正确的审批流程，否则极易导致流程重做。这一问题已严重阻碍了组织的运营效率。

鉴于这一严峻形势，公司迅速组织专项团队，对现有的制度流程进行了全面盘点与优化。团队合并了内容相似的制

第五章
AI助力团队效能的提升

度与政策流程，剔除了那些使用率极低的条款，同时，将更新内容整合到一个制度文档中，并对不同版本的更新内容进行了系统梳理。经过此番调整，整体流程效率得到了显著提升，员工也无须再为选择哪个审批流程而烦恼，大大节省了时间与精力。

审批流程通常是企业管理的固化，审批流程的优化方式有多种，除了对现有的流程进行合并、删除、更新外，还有可能需要结合企业的发展情况进行变革。因为这些流程可能会随着企业的发展而不再适用，变得低效，需要进行评估，决定是否进行适时的调整。

以报销为例，部分公司的报销流程极为烦琐，无论报销金额大小，均需层层上报直至老板审批。即便是领取一支笔，也需经过烦琐的审批流程直至企业最高层。这种做法无疑会大幅占用公司高管的宝贵时间，虽然可能在表面上节省了报销费用或办公用品费用，但细细算来，是否真的值得投入如此多的精力去执行如此复杂的流程？毕竟，管理者被占用的时间精力也是一笔巨大的隐性成本。

这背后所折射出的管理理念，是通过增设审批环节来增加难度，使员工在申请或使用任何费用时都能三思而后行，因为每一个环节都可能面临层层的"盘问"与审核。

一些公司发现，员工费用申请与报销审批通过率高达 98%，流程冗余。于是，通过管理培训增强员工规则意识，实行财务事后 20% 抽查制，并结合诚信企业文化，大幅简化了报销流程。此举节省了管理者与财务人员时间，优化了员工体验，提升了报销规范性。

再如，一些公司在进行投标活动时，往往需要准备大量资料。若缺乏专门的招投标部门，投标部门便需逐一联系各个支持部门，如财务、法务、人力、品牌市场部等，以获取所需的报表、数据、证件等材料。这些材料包括财务报表、银行证明、营业执照、企业章程、员工信息、社保信息、薪资信息、公司介绍、产品资质证照、专利信息等，且每个部门的资料申请流程各不相同，耗时较长。对于新员工而言，收集这些资料更是耗时费力。

为提升投标效率，避免因人员变动导致的信息获取障碍，公司可以设立一个投标资料申请的专用流程。通过这一流程，投标部门可以一次性申请到所需的所有资料，无须再逐一联系各个部门，从而大大缩短了资料准备的时间，提高了投标工作的整体效率。

业务流程的优化常常伴随着业务流的需求变化，企业可以通过业务价值链梳理管理流程，公司的流程也需要跟随企业发展规模逐渐增加，并且适时进行调整，如果流程过于烦琐，分工过于细化，就会降低企业的管理效率，还可能会导致企业里本应该保密的事情人尽皆知。

案例：公司里的保密

小A被领导召至办公室内，领导以一种神秘而严肃的语

第五章
AI助力团队效能的提升

气透露，公司即将进行一项重要的人员调整安排，并特别嘱咐小 A 跟进处理此事，同时强调此事需严格保密，不得向第三人透露。小 A 郑重地向领导保证，一定会严格遵守保密原则，绝不泄露给任何人。

原来，这次的人员调整涉及一位高管的替换。鉴于该职位尚有其他人在任，且尚未进行离职沟通，领导要求小 A 协助完成该高管的离职沟通工作，并妥善安排新人的入职事宜，以确保团队能够平稳过渡，不受影响。

接到任务指令后，小 A 立即着手对工作任务进行了详尽的分解与规划。

- **筹备离职沟通与补偿事宜**：首要任务是准备详尽的人员离职沟通文件及合理的离职补偿方案，以确保离职过程的平稳与合规。

- **离职后的团队沟通与过渡安排**：一旦离职协商达成，小 A 将协同现任负责人，与团队的核心领导者进行深入沟通，共同规划并实施有效的团队过渡策略，确保团队稳定性与连续性不受影响。

- **新任高管入职筹备与团队融入**：为新入职的高管设计周到的入职安排，并组织团队沟通会议，以促进其快速融入团队，发挥领导力。

- **新老负责人交接与平稳过渡**：精心策划新老负责人的

交接流程，确保交接过程无遗漏，同时兼顾老高管的情感需求与尊重，实现管理层的平稳更迭。

鉴于上述任务中涉及多项跨部门协作，小A深刻意识到，若无充分沟通与说明，很难获得其他团队伙伴的全力支持与配合。例如：

- **离职补偿方案的制定**：需与薪酬团队紧密合作，获取必要的薪酬数据与离职方案测算支持。若缺乏合理的解释与请求，直接调用薪酬数据将面临极大障碍。

- **新任高管入职手续**：需及时通知SSC（共享服务中心）团队办理入职相关手续，并鉴于当前缺乏独立办公室的现状，还需协调行政团队紧急准备一间临时独立办公室，以照顾到交接时间的紧迫性及老高管的感受。

- **高管脱密期的特殊处理**：进入离职高管脱密期后，还需与IT团队紧密协作，调整现有审批流程，确保信息安全与业务连续性。

此外，考虑到任务执行过程中可能涉及的多部门协同事项，小A在获得领导批准后，主动与相关部门的负责人进行了详尽的沟通说明，明确了协作需求与保密要求，并由各部门负责人亲自或指派专人进行配合，确保任务的高效执行与信息的严格保密。

第五章
AI助力团队效能的提升

在处理高管离职这一敏感且复杂的事务中，尽管小 A 采取了诸多措施来确保信息的保密性，但由于涉及部门和人员的广泛性，信息还是在不经意间泄露了出去，最终导致了现任高管与老板之间的冲突。大公司由于组织庞大、分工细致，想要完全保密重要的人事调整或管理决策确实是一项艰巨的任务。因此，我们常常能看到一些大型企业在发布重大人事调整通知时，虽然表面上显得突然，但实际上在正式公布之前，这些调整往往已经在员工间有所流传。

面对这种情况，公司或许需要反思并调整其信息管理的策略。在某些情况下，如果某项决策或调整确实需要高度保密，那么最理想的状态可能是仅限于少数关键决策者知晓。然而，在更多情况下，与其试图通过私下渠道传播信息而引发种种猜测和谣言，不如选择通过官方渠道，如公开信、内部会议或公告等方式，来进行正式和透明的说明。这样做不仅能有效减少信息的扭曲和误解，还能增强员工的信任感和归属感，从而为公司营造一个更加稳定和积极的工作环境。

3．构建 AI 能力的三种方式

现在我们知道，AI 对于企业管理的帮助非常大，企业要进行组织效能提升，管理机制和管理手段都可以通过构建自己的 AI 应用能力来进行系统化的提升。那么如何构建 AI 能力呢？构建企业的 AI 能力可以通过三种方式。

（1）利用市场上现有的 AI 工具应用，可以显著提升诸如代码编写、设计创作、自动问答机器人服务、翻译工作、文案撰写、PPT制作以及短视频编辑等多方面的效率。借助这些外部力量，不仅操作更为简便，而且成效显著。尽管这些AI工具往往需要一定的费用投入，但相较于它们所能节省的人工成本而言，其投资回报率（ROI）通常相当可观。

以市场上一些免费的AI问答工具为例，如文心一言、豆包等，它们已经提供了基础功能供用户免费使用。而若想要解锁更多高级功能，用户也仅需支付相对低廉的费用。此外，市场上还存在众多结合了AI技术的成熟工具或管理系统，这些产品的费用同样较为亲民，能够帮助企业或个人在提升工作效率的同时，有效控制成本。

某公司在尚未部署长期激励管理系统之前，每次期权或限制性股票的授予都伴随着冗长且烦琐的线下操作流程。这包括方案设计的反复推敲、数据的精确测算、手工制作授予协议、烦琐的线下签署过程，以及后续依赖于Excel表格的记录与追踪。这一系列步骤不仅耗费了大量时间与精力，还导致了整体效率低下。特别是在公司频繁进行授予安排时，统计、管理和数据更新的复杂性更是直线上升。激励对象难以实时掌握自己的长期激励归属情况，不得不依赖人力资源部门同事的手工计算，这不仅影响了激励计划的透明度，也极大地削弱了其应有的激励效果。

第五章
AI助力团队效能的提升

随后，公司引入长期激励管理系统，这一变革彻底颠覆了原有的操作模式。系统支持线上录入授予数据、配置授予协议，并能自动生成标准化的授予协议供激励对象进行便捷的线上电子签署。签署完成后，授予数据即刻生效，并形成详细的授予明细，激励对象只需轻点屏幕即可随时查看自己的授予情况。若有人员离职，系统能够自动同步数据，并准确计算授予、归属情况，激励对象通过手机即可轻松查询归属时间和归属数量。此外，系统还能直观展示激励对象长期激励的对应价值，使激励效果得以显性化，极大地提升了激励的吸引力，同时也显著提高了人力资源管理人员的工作效率。

（2）自建 AI 能力。若市场上缺乏适用的成熟 AI 工具，企业可能需要自建算法团队，包括招募产品经理和算法工程师等，以适应自身发展并推动智能化管理。尽管初期投入大且周期长，但建成后能力将显著提升。以智能化供应链系统为例，需聘请众多算法、产品、数据分析人员。鉴于算法人才稀缺，企业需提前规划吸引和引入策略，否则将影响团队组建进度。

案例：智能化标签算法系统

Z 公司为提升运营效率，决定引入先进的人工智能技术。

其算法团队与工程团队紧密协作，共同研发了一个基于 AI 的标签管理系统，旨在自动化管理骑手的出库与配送流程，预期能显著提升出库效率与配送准确性。然而，在系统开发初期，由于对骑手实际使用习惯的调研不足，该系统未能贴合骑手的工作流程，导致骑手普遍不愿采用，系统因此陷入闲置状态。

面对这一挑战，Z 公司迅速调整策略，通过深入分析骑手的作业模式与业务流程，公司发现新系统要求骑手对每个商品进行单独扫码，而这一环节本应由打包员在商品出库时完成。实际上，骑手更适合在配送环节的最终阶段，对整体打包袋进行扫码确认。基于这一洞察，开发团队利用 AI 算法对系统进行了深度优化，不仅重新设计了扫码流程，还融入智能推荐与自适应学习机制，使系统能够更智能地匹配不同角色的工作需求。

优化后的系统，既方便了打包员在出库时进行高效扫码，也确保了骑手在配送前能迅速验证包裹完整性，从而显著提升了出库效率，并有效降低了错发与漏发现象。此次调整不仅彰显了 AI 技术在解决复杂业务流程问题中的关键作用，也再次证明了深入市场调研与持续技术优化对于项目成功的重要性。

第五章
AI助力团队效能的提升

（3）对于外部算法应用需求，特别是那些涉及相对简单且稳定的算法任务，企业可以选择以项目外包的形式，寻找合适的公司或团队来承接。这种方式下，企业在项目完成后仅需配置少量技术人员进行后续的运维和使用工作。以某烟草企业为例，该企业希望通过图像识别技术来提升真假烟的辨别能力。鉴于组建专业 AI 团队的高昂成本和复杂性，该企业选择了外包给具备相关能力的 AI 公司。项目完成后，AI 公司不仅完成了技术实现，还对烟草企业的技术人员进行了培训，确保他们能够熟练使用该系统，并在后期提供必要的运维支持。这样，烟草企业既满足了业务需求，又有效降低了成本和资源投入。

此外，企业还可能针对不同的需求进行各种方式的组合，例如核心能力通过自建 AI 团队实现，通用能力通过成熟的 AI 应用进行提升，综合地构建自己的 AI 能力。一般发起的部门可以是高管团队、产研部门、PMO 团队、HR 团队，在采用并推广使用某些工具，或是推动多部门协同工作的过程中，AI 正悄然改变着我们的工作方式和管理模式。企业的管理者们，作为这一历史性变革的推动者或参与者，正引领着企业迈向新的发展阶段。

我们可以在企业内部组建一个 AI 提效管理小组，由相关人员参与并提供建议。对于现在企业存在的问题进行分析和复盘，识别出哪一块是可以通过 AI 能力进行提效或者变革的，做投入产出的测算，选择合适的引入 AI 能力的方式，设计相应的 AI 能力建设方案。

二、组织设计和组织管理机制

1．AI 支持组织结构设计

随着外部环境的变化，企业的增长变得越来越难。为了更好地面对外部环境的变化，企业需要适时调整进行应对。组织架构是一个组织内部的结构、框架和各个组成部分之间的相互关系，有效的组织架构应该能够随着组织的成长、市场环境的变化以及战略目标的调整而进行调整和变革，在适应外界变化的同时提升组织的运营效率和业绩水平。AI 技术以其强大的数据处理和分析能力，为企业提供了前所未有的洞察力和决策支持，从而推动了组织结构的优化与升级。

在组织结构优化方面，AI 技术能够精准识别企业内部的流程瓶颈和效率问题。通过深度学习算法，AI 可以对企业运营数据进行深度挖掘，发现潜在的组织结构问题，如沟通不畅、决策效率低下等。这种基于数据的分析，为企业提供了客观的改进依据，避免了传统组织结构优化过程中的主观性和盲目性。

第五章
AI助力团队效能的提升

以一家大型制造企业为例，该企业借助AI技术对生产流程进行了全面分析，发现生产线上的某些环节存在严重的资源浪费和效率低下问题。基于AI的洞察，企业重新配置了生产线，优化了人员结构和岗位设置，使得生产效率得到了显著提升。同时，AI还帮助企业建立了更加灵活和高效的决策体系，使得企业能够更快地适应市场变化，抓住商机。

AI技术不仅能够帮助企业精准识别问题，提供客观依据，还能够推动企业实现更加高效、灵活和智能的运营模式。随着AI技术的不断发展和应用，相信未来会有更多的企业借助AI的力量，实现组织结构的全面优化和升级。

在不同的阶段、不同的市场、不同的产品，可以采取不同的组织架构。一般情况下，组织架构的拉通有利于资源的共享，可以应对更多的不确定性和波动性，并且节约人力成本。组织的适度分散有助于激发竞争活力，更便于实现业务的独立闭环，从而有效减轻组织协同的负担。面对企业所面临的各种具体情况，我们可以灵活地组合与调整组织架构，以适应不断变化的市场需求和内部条件。

常见的组织架构有如下的形式：职能式组织、事业部制组织、矩阵式组织、项目型组织等，每种组织架构有不同的特点，事业部制组织结构非常适合大型企业，通过分权经营与集中政策控制的结合，实现了集权与分权的良好平衡，提高了组织的灵活性。而矩阵式组织结构则更适合项目型公司，它允许项目管理人员从职能部门抽调，项目结束后回归原部门，但需要有效管理双重领导关系，以避免潜在冲突。在组织结构设计的初期阶段，AI技术能够帮助企业收集和分析大量的内部和外部数据，包括行业趋势、市场容量、客户情况、竞争对手动态、团队组织能力、员工绩效等。这些数据为企业提供了深入洞察，有助于识别组织结构的潜在问题和改进方向。通过AI的协助，企业可以更加科学地进行组织结构的设计，避免盲目性和主观性。

以一家大型零售企业为例，该企业借助AI技术对销售数据、顾客反馈以及员工绩效进行了全面分析。结果显示，公司在处理客诉的信息传递和决策效率方面存在明显瓶颈。基于AI的洞察，企业决定对客服团队采用更加扁平化和灵活的组织结构，分配管理权限，以加速信息传递和决策过程。这一变革不仅提高了顾客满意度，还显著提升了企业的客户服务水平和销售业绩提升。

综上所述，AI技术在组织结构设计方面发挥着重要作用。它能够帮助企业收集和分析数据，提供深入洞察，从而指导企业进行更加科学、合理的组织结构设计。随着AI技术的不断发展和普及，相信未来会有更多的企业借助AI的力量，实现组织结构的优化和升级，以适应快速变化的市场环境。

即便是一种组织形式，也有多种划分方式。例如划分职能部门时，我们可以按照产品进行划分、按照客户类型划分、按照区域划分、按照销售渠道划分或运营方式划分等。在进行组织架构设计时，企业需要根据自身的实际情况和发展需求进行判断，保证企业的运营活力和

第五章
AI助力团队效能的提升

协作效率。

对于组织和人员的设置,我们有如下建议:

(1)业务拆分有利于建立竞争

将业务部门按照不同的产品或区域进行细分,不仅能够助力管理者聚焦于各自负责的核心领域,实施更为深入的纵向管理,还能有效激发各业务部门之间的竞争活力,构建起积极的竞争机制。这样的组织架构有助于企业更高效地达成业务目标。举例来说,一些公司采用了产品自闭环的管理模式,即按照产品线来划分组织结构,每个产品团队都负责从研发到市场推广的全链条工作,这样的布局不仅增强了团队的责任感和自主性,还促进了产品间的良性竞争,加速了企业整体的业务发展与创新。

(2)业务合并有利于节约成本

对于规模较小且协同要求高的业务,过度拆分反而意义不大。一些公司尝试设立多个独立小组,每个小组均配备完整人员体系,但往往导致部分岗位工作量不饱和,这不仅影响了人力资源的高效利用,也不利于员工的职业发展及留存。相比之下,业务合并能更有效地节约成本,通过复用部门和岗位,实现人力资源的优化配置,降低人力成本。

(3)横纵协同组织设计:耦合业务独立,解耦职能打横

随着公司规模的扩大,团队协同问题逐渐显现,特别是产研与销售团队间的协作挑战。在初期产品打磨阶段,设立事业部结构并不现实。因此，我们建议将业务耦合度高的部分独立闭环运作，而业务解耦度高的职能则横向整合，实现资源共享。这既能解决业务波动带来的工作量不均，又能最大化资源利用，促进相似职能人员的交流成长。

在组织结构设计中，设置横向共享部门能提升部门和人员的复用性，降低成本。如研发中的数据、前端、设计等低耦合部门，可减少人员配置，提升复用度和组织效能。若复用后人员遇工作冲突或过载，可临时补充人力。有效管理这些横向组织需管理者具备协同意识和能力。人员本地化管理有利于降低成本。

随着区域业务的不断拓展，根据实际需求进行本地化人员的招聘与管理显得尤为重要。本地化招聘不仅能节省差旅成本，还能让团队更深入地了解并适应当地市场，特别是对于销售人员和交付人员而言，这种本地化策略能显著提升工作效率并降低成本。然而，当本地化招聘人员数量较少时，会面临远程管理难度增加以及员工归属感减弱的问题。因此，在推进本地化招聘的同时，必须同步加强跨地域管理，并注重人文关怀，以确保团队凝聚力与工作效率的双重提升。

（4）建设人才梯队，打造团队力量

一些新任管理者，他们会把希望寄托于寻找完美的候选人来解决团队的一切问题，但是很难找到这样完美的候选人，或者说可能就不存在完美的个人。作为管理者，我们需要善于发现团队成员身上的闪光点，用人所长，通过组织能力的组合实现完美团队能力的打造。另

第五章
AI助力团队效能的提升

外,需要根据团队成员的情况,建设好人才梯队,既有利于团队内的配合,也有利于团队稳定成长。当然,也存在一些特殊类型的组织,它们更倾向于吸纳独立的精英个体。这类情况不可一概而论,但共同的目标是追求团队在横向协作与纵向管理上的最优组合,以实现整体效能的最大化。

案例:AI工具帮助应对频繁调整组织架构的尴尬

小A接到了业务负责人B总的通知,要求下午两点到其办公室再次讨论组织架构的调整事宜。这已经是今年上半年第五次就这一主题进行沟通了。公司今年的业务目标极具挑战性,尽管业务负责人都反馈了完成目标的难度,但公司依然坚持下达了这些具有挑战性的目标。B总因此焦虑得夜不能寐,常常在后半夜给团队发送工作安排,团队成员都感到压力山大。B总提到,目前有一个部门负责人因病住院需要手术,其团队的汇报线急需调整到其他团队以避免管理真空。然而,小A认为,这位负责人只是暂时需要手术,恢复时间应该不会太长,如果现在就调整汇报线可能会引发团队动荡,建议在其病假期间由另一位负责人代管,暂时不调整组织架构。B总听取了小A的意见后,决定暂时不进行组织架构调整。

小A意识到,组织架构频繁调整的背后是业务目标实现路径的不清晰。他决定帮助业务负责人明确这一点，于是找到了绩效目标分解的工具，并与B总进行了深入的沟通。他建议组织相关团队负责人进行共创讨论会，通过梳理业务目标来进一步澄清目标和实现路径。尽管B总起初对业务目标的清晰度表示怀疑，认为只是数字分配的问题，但他还是愿意尝试进行一次共创讨论。

小A为了深入了解企业运营状况，精心收集了大量相关数据。他充分借助先进的AI工具，利用其强大的数据分析能力，对这些数据进行了全面而系统的分析和研究。在分析过程中，AI工具不仅高效地处理了海量数据，还精准地挖掘出了数据背后的深层规律和潜在问题。基于这些发现，小A及时与各团队负责人进行了深入的沟通和细致的准备工作，确保大家能够针对数据揭示的问题和挑战，共同制定出有效的应对策略和解决方案。这些负责人第一次进行这样的分析和准备，纷纷与小A探讨如何输出和分析。在会前进行了多次沟通后，小A对业务有了更深入的了解。各部门准备完毕后，小A整理了材料，输出了讨论的要点和环节安排，并与B总进行了进一步的沟通和确认。B总对小A准备的材料感到吃惊，没想到他能梳理出如此清晰的业务价值链全景和存在的问题。他们进行了深入的讨论并达成共识，发现了实现当前确收目标中最核心和最紧迫需要解决的几个问题：

第五章
AI助力团队效能的提升

（1）现有签约的合同可以支撑40%的目标达成，但需要交付团队在今年内完成交付。这需要梳理合同交付目标，协同交付团队进行排期和目标确认。如果未能完成，需要提前与客户沟通确收方式和交付的分段计算。商务团队和交付团队需对此目标负责。

（2）销售人员现有的商机储备中，进入赢率70%以上阶段的金额可以支撑现有目标30%的完成。但这些商机是否能赶在上半年签约是当年能否完成交付的关键。同时，如果这些项目不能上半年签约，哪些项目能够替补还是未知数。销售人员需对此目标负责。

（3）现有渠道商中，持续稳定贡献业绩的渠道较少，只能支撑目标的10%左右。因此，需要加大对渠道的开拓和激发，使他们在完成10%的基础上进一步提升，以确保今年目标的进一步实现。

（4）其他续费的老客户还有潜力可挖，可以给予他们优惠价格试用新品，以支撑大约10%的目标。

在梳理完实现路径后，小A反馈各团队在协同完成目标上还存在困难，并希望公司对奖惩机制进行进一步说明。因为基于现状的目标完成后，有些人承担的压力超出了其岗位本身的要求。因此，配合业务目标的完成，需要进行本次组织架构的调整、团队的配置和资源的分配，并明确奖惩措施。

B总在理清这些问题后，长长地舒了一口气，对业务目标的完成有了信心，对组织架构的调整也有了清晰的认识，明确了哪些人员需要替换和招聘。他向小A投去了感激的目光。

2．组织协同为什么那么难

曾有一位销售高管，因与产研负责人合作不畅而愤然离职。他虽尝试多种方法推动合作，却未能如愿，项目屡屡受阻。起初，他以为是团队成员与产研沟通不畅，便亲自上阵对接。但产品尚处于试水期，为避免承诺无法兑现，他在客户面前谨言慎行，不敢轻易承诺产品演示效果、交付时间或产品对比优势。必要时，他会携产品相关人员一同拜访客户，然而，即便如此，产品人员现场给出的承诺也常无法兑现，他不得不向客户致歉并承诺解决时间。回到公司后，他虽竭力配合产研团队按交付时间推进工作，但因不懂技术，难以精准定位问题，客户需求仍难以按期满足，最终导致客户拒绝合作。他感慨道："以往产研与销售虽有配合问题，但尚能推动；如今却是前有狼后有虎，冲锋陷阵却无人支援，回头还有枪顶着！"公司问题复杂，非一己之力可解，离职成了他无奈的选择。

故事的另一面，产研团队接到客户需求，需在性能指标

第五章
AI助力团队效能的提升

上完胜竞品。然而，他们深知人力有限，完胜竞品几无可能，除非暂停其他项目全力投入，这显然不切实际。于是，他们加班加点，虽在PK赛中部分指标胜出，但仍有多项落后于竞品，承诺一周内解决，却又因其他项目插入而再次失约。此PK结果关乎客户合作与公司后续预算，影响重大。

跨部门协同难题普遍存在，团队间信任缺失、相互甩锅、逃避责任，严重拖累组织效能。产品基础弱、资源少，是否就难以满足市场需求？实则不然，资源有限是常态，大公司亦不例外。产品强大是否就能畅销？亦非必然，市场上不乏新产品横空出世，抢占份额。关键在于跨部门协作能力。

不同的公司有不同的组织结构划分和业务协作流程，但是通常随着公司越来越大，协同会变得越来越困难。部门墙严重，相互推诿甚至破坏。对比同行业公司，你会发现，有的公司虽由普通人组成，但团队战斗力极强；而有的公司明星员工众多，业绩却平平。究其根本，团队合力远胜于个人能力。作为企业管理者，应将管理重心置于打造团队合力上。那么，如何高效实现跨部门协同呢？

（1）达成目标共识

有共同的目标才能心往一处，力出一孔，从公司目标分解到部门目标，避免各自为政。建立利益绑定，考核共背，目标共识的管理机制，允许充分讨论甚至争执，促进协同才是目标。

（2）借助 AI 能力提升组织协同效率

借助 AI 能力，可以促进组织协同效率提升。AI 技术以其强大的数据处理和智能分析能力，为组织内部的沟通与协作开辟了新的可能。它不仅能够自动化处理烦琐的任务，减轻员工负担，还能通过智能算法优化资源配置，确保团队成员能够高效协作，共同推动项目进展。

在提升协同效率方面，AI 技术发挥了至关重要的作用。例如，一些企业引入了 AI 驱动的协同办公平台，该平台能够智能分析员工的工作习惯和任务需求，自动分配任务并设定合理的截止日期。这不仅减少了人为分配任务时的主观性和不确定性，还确保了每个员工都能在最适合自己的时间段内高效工作。

此外，AI 技术还能通过智能识别语音和图像，实现远程会议的实时翻译和记录，例如飞书就可以实现，极大地提升了跨国团队之间的沟通效率。某跨国企业利用 AI 技术实现了全球范围内员工的无障碍沟通，无论团队成员身处何地，都能通过智能平台进行实时交流和协作，从而大大缩短了项目周期，提高了整体工作效率。

随着技术的不断进步和应用场景的拓展，AI 将成为未来组织协同不可或缺的重要工具，助力企业实现更加高效、智能的运营模式。

（3）建设好高管团队

部门间的协同问题，很多时候源于部门负责人间的矛盾。这些矛盾可能源于利益、立场或观点的不同。部门负责人对企业发展和组织协同起着至关重要的作用，他们的领导风格往往决定了整个部门的氛

第五章
AI助力团队效能的提升

围。尽管部门协同复杂多变，但其成效与部门负责人之间的关系紧密相连。我们期望部门负责人能以公司整体利益为重，摒弃小团体主义或局部利益优先的思维。在任何组织形式中，高管团队的首要身份都应是公司利益的守护者，而非各自部门的代言人。只有如此，才能避免组织协同中的重重困难，减少因内耗而对组织效能造成的损害。

虚拟项目组管理

在跨部门协作中，还可以采用虚拟项目管理的方式促进协同，类似于矩阵管理模式。有几个关键点有利于虚拟项目组的协同。

- 项目目标明确：成立项目组后，需要明确项目目标，并且分配到项目组的成员，每个人明确自己的目标要求，确定时间点和责任人。

- 项目负责人称职：在项目组形式下，可以设立一个项目负责人，该负责人拥有对项目组进行全面管理的权限。不同项目的负责人各有侧重：对于产品型项目，通常由对产品有深入了解的人员担任更为合适；而在多部门协同且无人全面掌握所有模块的情况下，则需要一位能够带领团队共同努力、发挥领导力的负责人。

项目管理流程清晰

涉及跨部门协同资源，如果遇到资源冲突，需要有解决方案和处理办法。

- 组织文化有效驱动：公司内的企业文化是使命必达，每个人愿意为自己的目标负责。

- 奖惩机制完善：项目完成后，有明确的奖惩机制，奖优罚劣，物质手段配合文化手段共同促进项目达成目标。

面对个人能力出众但难以引领团队的情况，应采取分化管理策略，如为其开辟独立业务领域或分配专项项目，以最大化利用其个人优势，防止削弱团队整体效能。若公司内部无匹配岗位，应迅速且果断地做出调整，以免对组织造成更大的不利影响。

（4）其他优化组织协同的方式

- 固定对接人：在跨部门沟通中，指定固定的对接人能够确保信息传递的高效性，从而提升协同流程的效率。频繁更换对接人易导致信息不一致，进而引发沟通不畅和效率低下的问题。

- 制作协同SOP和流程：对于协同部门，缺乏固定的协同流程和明确分工，常常导致职责模糊、流程冗复。因此，制定一份简化的协同标准操作程序（SOP）作为执行参照十分必要。跨部门协作流程的规范化是提升组织协同效率与公司整体运作效率的关键所在。

- 角色互补：构建角色互补机制，能确保跨部门任务无缝衔接，同时需培育一种"宁可职责重叠，也不让事务落空"的协作文化。

- 角色互换：通过优化角色配置促进组织内部协同，降低内部损耗。实施岗位轮换、兼职机会、项目合作、角色互换及开放交流平台等活动，能够增进成员间的相互理解。基于更深入的认

第五章
AI助力团队效能的提升

知，许多不必要的冲突与内耗得以有效减少。

案例：AI 能力提升多业务的协同效率

这家电商公司，因业务价值链长且部分品类保质期短、周转快，面临高损耗率问题。其业务链涉及运营预测、商品采购、大仓处理、前置微仓配送至用户等多个环节。各个环节协同难度很大，容易脱节。

此外，销售预测难度大、采购活动置换与价格谈判空间、加工分拣配送中的损耗，以及前置微仓管理不当等因素，各环节均对损耗率有影响。

为应对此，公司采取多项措施：一是为各部门设定损耗率考核指标，并成立专项小组实施奖惩；二是引入 AI 算法团队，自建 AI 能力，提升销售预测准确性，优化采购、分拣、加工、配送等环节的路径规划与库存管理，有效降低损耗率并提升销售收入。

建立有效组织协同机制的关键在于：首先，实现目标共识，打破部门壁垒，明确分工责任；其次，通过考核机制绑定利益，避免各自为政；再者，利用 AI 算法提升管理效率，从根本上提高整体管理水平和协同效率。此外，共享机制如工具、文档、产品、销售能力等的共享，也能进一步提升组织协同效率，避免重复错误，提高效率。

3．借助外力补充组织能力

随着企业的发展，用工的场景会越来越多元化，并且企业每个业务所处的发展阶段也不尽相同，对人力规划的预测难度也越来越大，因此，多样化用工模式应运而生。用工的类型有多种，例如正式员工、实习生、劳务人员、兼职人员、人员外包、业务外包、顾问、生态合作等多种方式，每种用工类型有自己的优劣势，可以根据不同的用工需求情况进行分析对比，选择最适合企业的方式。

正式员工：正式员工队伍的优势显著，他们稳定性强，对企业忠诚度较高，且深谙企业文化与业务流程，能够高效协同作业，尤其适合企业的核心业务与关键岗位。这些员工经过公司全面的培训与发展，涵盖企业文化、职业技能及团队协作等多个维度，使他们能更好地融入公司并充分发挥个人价值。此外，公司提供的全面福利保障，如社保、公积金、带薪休假及补充医疗等，极大地增强了员工的归属感与忠诚度。然而，值得注意的是，在人员使用上需严格遵守劳动法及劳动合同法等相关法律法规，且因正式员工体系完善，人员优化成本相对较高。

实习生：适用于比较基础的工作内容，或者作为校招生等后备力量培养。

兼职或劳务人员：优势是灵活性强，可以根据企业的业务需求随

第五章
AI助力团队效能的提升

时调整工作时间和工作量。成本低，企业无须为兼职员工提供全面的福利。在业务高峰期或特定项目期间，企业可以招聘兼职员工来补充人力。

人员外包或业务外包：企业将非核心业务外包给专业服务商的优势在于，能更专注于核心业务的发展。诸如后勤服务、信息技术支持及客户服务等非核心业务均可外包，企业仅需对交付成果与质量提出明确要求，无须介入具体人员的日常管理。外包比较适合的使用场景有短期的项目需求、异地的需求、工作量非常不稳定的项目、交付质量要求不高的项目。我们通常将外包视为弹性人力资源的补充方式，并非因其成本低于正式员工。实际上，企业还需额外支付服务费给外包公司。同时，由于外包人员往往处于较初级水平，因此，需对交付质量保持合理预期。

专家顾问：共享用工模式的优势在于能根据项目需求灵活调配工作，无需承担高昂顾问费即可解决企业难题，获取技术专家、管理顾问等专业知识和经验。此模式让企业能阶段性利用外部资源，解决眼前困境，同时拓展资源网络，获取更多信息与机遇。

企业在选择用工形式时，需综合考虑岗位需求、任务特性、成本效益、使用周期、灵活性及交付质量等因素，以确定最适合的用工方式。随着业务发展，企业需动态审视用工方式，适时优化。首先，明确业务需求，依据企业战略及业务特点，确定人力需求缺口及所需岗位、人数、技能要求。其次，基于业务需求和成本分析，选择合适的用工形式，如正式、兼职、外包、临时工或实习生等。最后，制定人力资源规划，涵盖招聘、培训、绩效管理、福利及管理模式，确保计划顺利实施。

例如，原本为应对阶段性高峰的临时用工需求选择外包，但随着项目常态化，需重新评估外包是否适宜，考虑转为自有员工以稳定团队、提升交付质量并节省外包服务费。同时，外包模式下，外包公司给予员工的薪酬有限，可能影响招聘质量和人员稳定性，导致交付质量难以保证、周期延长及成本上升。

为精准预测人力需求、节约成本，企业倾向采用"自有人力＋弹性人力"的组合方式。此方式不仅满足多样化用人需求、支持业务发展、降低用工风险，还能灵活组合人力成本、减少刚性支出。通过引入外部供应商，企业可获取前沿信息，节省自研时间，并降低管理成本，专注于核心成员，防止因项目变动导致人才流失。

举例而言，某部门面临两个紧急项目，各需一名前端开发人员，预计使用周期为6个月至一年，同时还有标品开发任务。鉴于正式员工需求难以迅速获批，部门最初提出外包人员需求。然而，鉴于项目要求较高，面试了20余位外包候选人后，仅勉强选定两人。但在发出录用通知后，两人均爽约。在此情境下，部门可考虑调整策略，采用一名正式员工加一名外包人员的组合。正式员工可设定较高标准，不仅满足当前项目需求，还能兼顾标品开发；而外包人员标准可适当放宽，易于招聘，仅需满足阶段性项目需求后便可结束合作。

第五章
AI助力团队效能的提升

我们再看一个"固定＋弹性"用工的案例。某公司三年的收入、毛利、薪酬、人数的数据如下，可以计算出人效、元效的情况，如表5-1所示：

表5-1 某公司 2022~2024 年收入及薪酬成本数据

2022 年 ~2024 年								
年度	人数	薪酬成本（元）	销售收入（元）	毛利额（元）	人效1	元效1	人效2	元效2
2022 年	209	5,830,021	28,518,102	6,844,344	136,450	4.9	32,748	1.2
2023 年	215	5,933,814	27,585,383	7,034,273	128,304	4.6	32,718	1.2
2024 年	228	6,177,521	33,005,861	8,416,495	144,763	5.3	36,914	1.4
合计	217	5,980,452	29,703,115	7,431,704	136,881	5.0	34,247	1.2

基于历史数据与当年目标，公司还期望实现以下目标，如表5-2所示：

表5-2 2025年人力成本预测

2025 年预测						
销售收入目标（元）	毛利额目标（元）	人效-1	元效-1	人效-2	元效-2	
420,000,000	110,000,000	1,642,569	5.0	410,816	1.2	
两种口径预测		BC-1	人力成本预算-1	BC-2	人力成本预算-2	
		256	84,563,179	268	88,552,465	
两种口径预测（按80%作为正式员工）		BC-1	人力成本预算-1	BC-2	人力成本预算-2	
		205	67,650,543	214	70,841,972	
			其他人力预算-1		其他人力预算-2	
			16,912,696		17,710,493	

- 每年人效、元效水平提升20%。
- 自有资源满足80%的人力需求，外部资源灵活应对波动性需求。
- 部分项目通过外包方式高效交付。

基于既定目标、历史数据及公司管理需求，我们可初步预测2025年的人力投入需求，并采用正式员工与外包人员的组合方式来实现。面对项目临时性需求，可更多地采用外包方式作为补充，以减少对正式员工队伍的波动影响。

在使用外部用工方式时，务必注意保护企业权益。须在合同中清晰界定工作要求与交付标准，涵盖交付目标、时间、质量、成本、进度及风险控制等方面，以确保交付无虞，避免业务受损。同时，明确知识产权归属，预防产权纠纷，并针对涉及商业机密及敏感信息的部分，签订保密协议，全力维护企业利益。

除多元化用工外，企业亦应重视生态与合作伙伴关系的构建。许多初创企业往往忽视这一点，导致树敌过多，错失商机。双赢合作方能营造更佳外部环境，带来更多商业机遇。生态伙伴的加入，不仅能助力企业弥补短期内的客户获取不足，还能共享客户资源，提升销售收入。然而，也需建立良好合作机制，以防产品被模仿，降低核心竞争力。

4．建立有效的管理机制

随着公司不断壮大，现有的管理办法逐渐难以适应其发展步伐，

第五章
AI助力团队效能的提升

这时就需要引入一套科学的管理机制。AI还能通过智能算法为企业提供个性化的管理建议。基于对历史数据的分析，AI可以预测未来的管理趋势，帮助企业提前做好准备，以应对可能出现的挑战。这种前瞻性的管理能力，使得企业在竞争中能够保持领先地位。该机制涉及企业运营的多个层面，包括对人、财、物、信息的管理，是一个集制度、流程、规范、SOP等于一体的综合性体系，旨在确保企业活动有序、高效推进。企业的规章制度宛如灯塔，为经营活动提供指引，规避因人而异的管理问题，削减运营成本。

然而，管理机制的构建需循序渐进，不可一蹴而就。毕竟，经营才是企业的根本，管理应服务于经营，管控则应在管理基础上进行。若管理凌驾于经营之上，将对企业发展构成束缚，甚至带来致命打击。有企业因发展迟滞，盲目尝试新业务，其中不乏超出其产品与技术能力的项目，需巨额开发成本；亦有新业务虽具潜力但伴随风险，需内控手段支持。该企业病急乱投医，过早引入严苛的项目评审与内审内控机制，导致大量项目因毛利不达标而放弃竞标，优质项目机会稀少，项目数量锐减；同时，内审内控过于严格，资金风险项目被拒，潜在商机流失，业务发展受阻。

因此，企业管理机制的完善应分阶段推进。初期，需明确管理底线，建立基础管理机制与审批流程；随着企业发展与项目的增多，逐步增加审批流程与规范要求。此过程中，应坚持管理为经营服务，激励与约束并重。制定规章制度时，应广泛征集意见，避免闭门造车，确保更多人认可；可先试点后推广，发现问题及时调整，确保后续推行顺畅。此外，管理机制建立后需定期评估，持续优化。需注意，管理机制间相互关联，需体系化考量，评估各方面影响后推行。同时，管理机制应合法合规，如为节约裁员成本而制定违法规章制度，将无效且面临法律风险。规章制度应鼓励积极行为，惩罚违规行为，维护企业秩序。

部分企业盲目照搬大公司管理机制，却未考虑其背后的原因，导致适得其反。例如，某高管A被重金聘请至某公司，他迅速梳理团队，关键岗位安插亲信，对其他团队进行组织升级。他将大厂经验照搬至新公司，推行一系列改革，包括奖金发放、激励体系、职级晋升等。虽然多数改革成效显著，但部分改革因不适应公司现状而引发弊端。如奖金发放未区分人员类型，前场人员如销售人员未设置更高浮动激励，高管奖金未与公司业绩挂钩，导致销售人员动力不足，一线员工与高管对公司经营结果承担相同责任，影响积极性。而在人员优化上，公司态度谨慎，为避免舆情而多给补偿，形成不良风气。

相反，部分企业管理机制灵活高效，不拘泥于考核套路与激励模式，根据业务发展动态调整。在激励上舍得投入，奖优罚劣，优秀员工可获得丰厚奖金与多次晋升调薪，动力十足。在人员优化上则严格统一标准，符合法律要求，不额外支出，营造公平竞争环境。员工间竞争激烈，学习氛围浓厚，因为做好工作必有回报。

因此，管理机制并非大公司就一定优越，也非某种激励工具就必

第五章
AI助力团队效能的提升

定有效。适合的才是最好的。如长期激励若运用不当，将沦为画饼工具，无法起到激励与绑定作用。

此外，管理机制建设并非易事，总有人试图钻空子。由于语言复杂性，制度政策难以制定得毫无破绽，常需补充规定或解释权归属说明。如某地政府为减少蛇患，出台捕蛇奖励政策，初见成效，但随后有人开始人工养殖蛇以获取奖金，导致蛇患再现。这警示我们，管理机制需不断完善，以应对各种挑战。

案例：AI能力提升报销管理机制的效率

近期，公司针对报销流程出台了一系列旨在提升组织效率与透明度的新政策。这一变革的动因源自对历史数据的深入分析，数据显示，尽管高达99.8%的报销单能够顺利通过审批流程，但这些报销单的处理却耗费了审批人员大量的时间和精力，严重影响了组织的整体运营效率。在此背景下，公司高层决定对现有的报销流程进行优化，以期在保障财务合规性的同时，提升审批效率与员工满意度。

新政策的核心在于简化报销流程，减少不必要的审批环节，同时引入智能化工具以增强监管力度。具体而言，员工提交的报销单将不再需要经过多层审批，而是直接抄送至相关负责人及财务部门。这一变革极大地缩短了报销流程的时间线，使员工能够更加便捷地完成报销申请，同时也减轻了审批人员的工作负担。

在财务审核环节，公司引入了先进的AI技术，以自动化方式验证发票真伪及报销额度。这一智能系统的应用，不仅提高了审核的准确性和效率，还有效防止了因人为疏忽而导致的错误审批。AI系统通过深度学习算法，能够自动识别并比对发票信息，确保每一笔报销都符合公司的财务规定。同时，该系统还能够对报销额度进行实时校验，避免了超支报销的情况发生。

为了确保报销流程的公正性和透明度，公司还规定财务人员将对报销单进行随机抽查。抽查比例约为20%，这一比例既保证了监管的有效性，又避免了过度干预导致的流程烦琐。在抽查过程中，一旦发现虚假报销或违规报销的情况，公司将采取严厉的处罚措施，以维护公司的财务纪律和员工的诚信原则。处罚措施包括但不限于扣除奖金、一年内禁止晋升和调薪等，对于涉及金额较大（如超过5000元）的违规行为，公司更有权依据相关法律法规及公司内部规章制度，对员工进行辞退处理。

值得注意的是，公司在制定新政策时，充分考虑了AI能力对企业优化的重要性。AI技术的引入，不仅简化了报销流程，提高了审批效率，还为企业提供了更加精准、高效的数

第五章
AI助力团队效能的提升

据分析能力。通过AI系统的实时监控和预警功能，企业能够及时发现并纠正潜在的财务风险，确保公司的稳健运营。同时，AI技术的应用也为企业带来了更加智能化的管理体验，使得员工在享受便捷服务的同时，也能够感受到公司对财务合规性的高度重视。

综上所述，公司针对报销流程出台的新政策，是公司在提升组织效率、保障财务合规性方面迈出的重要一步。通过简化流程、引入AI技术等措施，公司不仅有效解决了报销流程烦琐、审批效率低下等问题，还为员工提供了更加便捷、高效的报销服务。未来，随着AI技术的不断发展和应用，相信公司将在更多领域实现智能化转型，为企业的发展注入新的活力。

第六章

AI 提高企业运营管理能力

一、显性成本的管理

企业的成本是指在生产经营活动中所产生的各类成本与费用的总和。依据财务会计的分类，这主要包括：

生产成本或制造成本，即产品制造过程中直接及间接产生的各项费用，构成产品成本的主要部分。

管理费用，涉及企业组织和管理生产经营活动所发生的必要支出。

销售费用，涵盖企业销售商品、材料以及提供劳务时所产生的必要费用。

财务费用，指企业为筹集生产经营资金而发生的必要开销。

从企业管理视角来看，固定成本大多难以控制，而人力成本及部分费用则属于可控范畴。人力成本可进一步细分为显性成本与隐性成本。针对这两类成本，以下将分别提出管理建议，旨在实现更高效的资源利用与成本优化。

1. 高效配置人力成本资源

无论企业规模大小，资源总是有限的。如何在有限资源下实现最

第六章
AI提高企业运营管理能力

大产出，是企业面临的重要课题。平衡企业内部各部门的资源配置，以及规划当前与未来发展的资源分配，尤为关键。企业对现有资源的利用效率，直接关系到其发展状况。以下从预算管理和AI工具应用两方面，提出提升资源配置效率的建议。

（1）预算管理优化建议

预算管理需与战略目标紧密结合，建议将预算分为最小预算投入、弹性预算资源、创新事项专项预算三部分。预算需进行动态调整，一般以季度或半年为周期，快速变化的企业也可采用月度动态调整。

最小预算投入部分，应结合今年业务预期情况设置预算包，各部门在此范围内分配。分配时需考虑历史数据、现有情况及今年业务目标，如销售、运营等利润中心部门，可采用人均销售额、人均利润额等指标衡量，避免业务增长依赖人数增长或"价格战"。中台部门如产研、交付等，可根据研发费用占比、人均营业收入等指标综合衡量。职能等中后台部门，则根据日常工作量、人数配比等因素预估人数和预算。

弹性预算资源，用于难以预估全年投入的业务或部门，如交付团队可根据项目数量和难度动态调整，采用"全职+外包"管理方式，既不影响业务推进，也不超出预期预算。

创新事项专项预算，专款专用，应用于新产品开发、新业务拓展等场景，是企业战略投入的重要部分。

此外，资源分配还需结合企业发展阶段和当年战略目标进行倾斜，如侧重产品打磨或市场开拓等。

（2）其他资源分配与管理

除了预算管理，其他资源分配也需结合企业重心进行倾斜。例如，时间上需更多关注公司最关心的事项。同时，需重视隐性成本管理，如招聘环节因投入不足导致的招错人代价，以及高绩效员工离职对公司的影响。

市场上已有一些系统，如北森等薪酬系统，增加了预算管理功能，可帮助企业进行资源动态管理，避免大量人力投入统计分析，通过智能化系统轻松1实现动态管理需求。

案例：如何确定人力成本总额和使用节奏

Y总作为新入职的人力资源负责人，首要任务是应对公司收入下滑而人力成本上升的问题。老板质疑产研部门是否饱和，以及是否需要频繁增员应对新项目。Y总通过深入调研发现，尽管项目数量翻倍，但低毛利项目增多，导致软件产品收入占比及毛利下降，同时人力成本持续攀升，且团队流失率逐年上升。

为解决这一问题，Y总设定了三个核心目标：合理确定人力成本总额与人员配置、高效利用人力资源、优化项目概预算管理。

第六章
AI提高企业运营管理能力

首先，Y总综合分析了历年收入、毛利、人力成本等数据，并与同行业公司对比，发现公司人效与元效水平偏低。结合公司今年的软件产品目标及历史平均元效水平提升10%的假设，计算出了合理的人力成本总额，并根据项目排期制定了招聘计划，既满足了项目需求，又控制了人力成本。

其次，针对人效与元效低的问题，A总深入剖析了组织架构不合理、项目质量不高等原因。为此，他对标品团队与项目团队进行了重组，使标品团队能在项目增加时提供支持，不足时考虑外包，从而避免了人力成本的浪费。

最后，在项目管理上，A总协同PMO团队实施了项目分级管理，根据客户性质、项目标的、毛利及意义等因素对项目进行分级，优先投入资源于高级别项目。同时，增加了项目概预算管理流程，对低毛利项目进行特批，并精细化管理不同阶段的投入。

通过上述调整，软件产品团队的人效与元效实现了显著提升，人力成本得到了有效控制，公司软件产品的投入有效性也大幅提升。

2．房租水电等固定成本管理

除了人力成本，房租水电等固定成本也是企业支出的重要部分。近年来，受疫情影响，许多办公场地推出了租金减免政策，房租普遍下降，且提供了更长的免租期及搬迁装修补贴等优惠。因此，公司的行政管理人员应积极收集周边代理信息，一方面可与现有办公场地进行租金谈判，另一方面可根据人数波动灵活调整办公场地。

在运营管理过程中，企业可根据人数预测动态调整办公场地。例如，为正式员工配置固定办公场地，而弹性用工人员则可采用联合办公方式，异地办公亦可考虑联合办公场地，以适应企业变化。

此外，办公场地共享也不失为一种节约成本的策略。有企业因业务搬迁需调整部分人员至其他城市，但本地用工数量及未来业务发展所需人数尚不确定，保留现有办公场地会造成资源浪费，不保留则可能损失押金且短期内需重新租赁。该企业行政人员巧思妙想，将会议室对外开放租用，既节约了办公场地费用，又满足了周边公司的会议需求。

另有企业通过管理机制降低工位费用。将工位费分摊至各事业部，实行自负盈亏。事业部在盘点人员情况后发现，销售人员、项目交付人员及实习生等常不在公司，于是对这些人员的工位进行共享，减少工位数量，进而减租办公场地，节约成本。

在水电费用管理上，企业可采取多种措施。如设计开关提醒、安排专人检查、设置自动感应装置及节能装置等。同时，运用 AI 系统分析使用情况，寻找节约点，并提升员工节约意识。

综上所述，企业在房租水电等固定成本管理上，可结合实际情况采取多种策略，以实现成本节约。各位也可开动脑筋，思考更多降低

第六章
AI提高企业运营管理能力

成本的好方法。

3．费用管理

管理费用涵盖企业行政管理部门在组织和管理生产经营活动中产生的多项开支，其中管理人员薪酬（含社保等费用）、办公费用及差旅费用占据较大比重。

关于管理人员配置，适宜的数量需通过人员配比法来评估。这包括与历史数据的对比，分析管理费用随业务增长是否合理，以及与同行业管理费用占比的对比，确保处于合理区间。若管理费用偏高，则需进一步探究是人数过多还是人力成本过高，并结合企业当前阶段和发展目标进行相应调整，同时确保满足业务发展的实际需求。例如，某企业计划未来一年员工数量翻倍，基于当前招聘效率，需增加两倍的招聘人员以达成目标。此时，尽管管理费用占比可能超越历史及同行数据，但这是实现企业阶段性目标的必要投入，不应单纯以数据为唯一考量。

差旅费用方面，其构成主要包括业务开拓产生的费用及跨地域管理产生的费用。应设定合理的差旅标准，确保既不影响业务开展，又避免浪费。借助AI技术，可分析差旅费用与业绩产出的关联，为业务发展规划提供数据支撑。

对于跨地域管理的企业，在新区域开拓时，常需派遣总部员工先行市场开拓，随后进行本地化招聘与管理。在外派管理上，高昂的成本是一大挑战。为此，企业可提供更多实惠以激励外派员工，同时在费用上采取灵活策略以降低总成本。例如，企业可为外派员工提供租房服务，某工程公司即通过租用别墅作为外派员工居所及临时办公场所，既解决了住宿问题，又节省了酒店与交通费用，还提升了员工的外派意愿。此外，针对异地办公电脑管理难题，企业可采用电脑租赁方式，根据项目灵活配置，或提供电脑补贴，从而有效解决这一问题。

4．采购管理

在现代企业管理体系中，采购管理扮演着至关重要的角色，作为成本控制的核心枢纽，直接关联着企业的盈利潜能与市场竞争力。采购成本、质量保障、交付时效及售后服务，每一项都是制定采购决策时必须审慎权衡的关键因素。普遍而言，采购规模越大且稳定，企业在价格谈判中的议价能力便越强，这也是众多企业倾向于实施集中采购策略以强化统一管理的核心动因。

在采购管理的实践中，一些企业的成功案例为我们提供了深刻的洞见与启示。以某贸易企业为例，其业务特性决定了频繁的客户招待活动，而招待费用中的酒水烟草支出颇为可观。为有效控制此项成本，该企业采取了统一采购与精细化管理的双管齐下策略，不仅成功降低了采购单价，还通过一系列管理措施规范了领用标准与费用管控。具体而言，企业明确了领用标准与费用上限，将烟酒消耗纳入销售费用与部门利润考核体系，从而促使销售人员在使用招待费用及烟酒时展

第六章
AI提高企业运营管理能力

现出高度的自律与效率。这种精细化管理举措不仅提升了费用透明度，还有效遏制了浪费，实现了成本的有效控制。

然而，采购管理的持续优化是一个循序渐进的过程。在此基础上，该企业进一步探索并实施了一系列创新策略。基于历史采购数据与业务需求的深度剖析，企业运用先进的预测模型进行科学的需求预测，制订了周密的采购计划。以茅台酒为例，企业精准预判了市场需求与价格趋势，果断采取了提前采购与适量储备的策略。当茅台酒价格随后上扬时，企业不仅规避了成本上升的风险，还通过库存转售实现了额外收益。

在供应商管理方面，该企业的做法同样值得借鉴。企业构建了一套全面细致的供应商评估体系，从资质、客户群体、产品质量、价格竞争力、服务水平到售后服务等多维度进行综合考量。通过供应商竞标评选，企业能够遴选出最契合自身需求的合作伙伴。此外，企业还建立了严格的供应商准入、考核、竞争与退出机制，确保供应商队伍始终保持活力与竞争力。这种"活水"式的供应商管理机制不仅提升了供应链的稳定性与效率，还有效降低了采购风险。

在显性成本的管理上，规划与动态调整是核心策略。为了更精准地把握成本动态并及时做出有效调整，该企业引入先进的AI系统工具。这些工具依托大数据分析与机器学习算法，为企业提供智能化的成本预测、预算制定与风险管理建议。通过与AI系统的深度融合，企业能够轻松实现资源的高效配置与成本的持续优化。

值得一提的是，AI在采购管理中的应用潜力远未被充分挖掘。它还能助力企业进行供应商的智能筛选与评估、采购合同的自动生成与审核、采购流程的自动化监控与优化等。这些智能化技术的应用不仅大幅提升了采购工作的效率与准确性，还为企业带来了前所未有的数据洞察力与决策支持。

综上所述，采购管理作为企业成本管理的核心环节，其优化与创新对于提升企业竞争力与盈利能力具有深远意义。通过借鉴行业先进经验并引入AI等前沿技术，企业能够不断提升采购管理的水平与效率，实现资源的优化配置与成本的持续降低。

二、警惕隐性成本

企业不应仅聚焦于显性成本，同样需重视因效率低下而产生的隐性成本。在提升日常工作效率方面，AI 技术能够发挥重要作用。为此，企业可以借鉴外部在 AI 应用方面表现优异的实践案例，购买相关书籍以深化理解，参与外部培训以掌握技能，或聘请资深专业人士共同构建企业的 AI 能力。这些举措有助于企业避免走弯路，同时强调，在建设自身 AI 能力的过程中，必须进行系统性的学习和规划。切勿仅凭观看一些短视频就草率制定或频繁更改政策与决策，因为变革的影响是多方面的。企业应精心设计方案，以降低潜在风险，确保变革的顺利进行。

案例：企业里的 AI 小达人

小 V 作为某公司的人力资源专员，通过深入学习 AI 技术的应用，认识到其对企业办公效率提升的巨大潜力。于是，他向公司提议试用 Office 的 Copilot 应用，该工具能迅速撰写方案、制作 PPT，并为 Excel 技能较弱的人员提供专业数据分析支持，显著提升办公效率。

经过一段时间的试用，小 V 精心准备了演示文稿和说明文件，并制作了培训分享短视频，广泛传播给同事。他还不断分享新的使用心得，激发了公司众多同事对 Copilot 的兴趣，纷纷申请试用。此后，小 V 在各部门收集并整理了成功案例进行分享，这些案例被制作成易于学习和传播的短视频，形成了良好的学习氛围。对于表现突出的员工，公司还授予了"AI 小达人"勋章，进一步激发了大家的积极性。

在制定预算时，公司结合工时分析、人效元效数据分析以及 AI 使用情况，发现那些有效利用 Copilot 的部门不仅实现了人员优化，还保证了工作质量和目标达成，因此给予了超额业绩奖励。而对于仍依赖增加人手完成任务的部门，公司进行了复盘分析，帮助他们提升效率。若未能有效提升，这些部门可能会被视为战略性收缩的考虑因素。

通过这一系列举措，企业成功构建了初步的 AI 能力，并实现了管理升级，组织效能得到了显著提升。

1. 招错人的代价

在企业的发展历程中，从员工生命周期的视角审视人力成本管理，

第六章
AI提高企业运营管理能力

涵盖了招聘成本、员工使用效率及离职成本三大方面。对于显性成本，企业往往已具备相应的控制机制，而在隐性成本管理上，则需进一步探讨如何提升各环节的使用效率。

首先聚焦于招聘隐性成本，其中最为显著的是招错人所带来的后果。这主要涵盖以下几方面：

- **招聘成本**：若新聘员工无法胜任工作或难以适应公司文化而离职，企业需再次投入时间与资源于招聘流程，包括重新发布招聘信息、组织面试、进行背景调查等，增加了额外的招聘成本。

- **培训成本**：新员工入职后，若需接受额外的培训以弥补技能或知识短板，这将直接增加企业的培训支出。

- **离职成本**：若新员工在尚未为企业创造价值时便离职，无论是主动还是被动，都会带来额外的管理成本，如离职交接、人员更替及可能的离职补偿。

- **机会成本**：招错人不仅意味着直接的财务损失，更可能使企业错失重要的商业机遇与发展时机，甚至因错过关键的时间窗口而阻碍企业的长远发展。

此外，招错人还可能损害客户满意度、延误工作进度并削弱团队士气。因此，企业需构建科学合理的招聘需求评估体系，完善面试流程，强化背景调查，并加强试用期管理，以最大限度地降低招错人对企业造成的负面影响。

小 A 近期负责为公司招募新的财务负责人，以替代已无法适应公司发展需求的现任负责人。尽管这位现任负责人是公司初创时期的老员工，深受公司信任，但仍需参与新人的面试过程。老板期望新财务负责人能引领财务管理团队迈向新高度，为公司发展注入新思维。面试过程中，老板出人意料地选择了一位具有审计背景但缺乏企业管理经验的候选人小 B。尽管小 A 对此感到惊讶，但鉴于老板对财务管理的深入了解，加之背调和试用期环节的保障，小 A 推进了小 B 的入职流程。

入职后，小 B 与现任财务负责人间的紧张关系迅速显现，尤其是在工位安排上。尽管小 A 尽力协调，最终小 B 仍强行占据了财务办公室的位置。随后，小 B 从审计角度出发，提出了一系列公司改革措施，与销售团队产生了诸多矛盾。她成功说服老板实施差旅和招待费用的严格审计，虽大幅降低了费用，却导致销售团队减少出差和招待，合同签约量大跌。

接着，小 B 又提出设置项目毛利底线，导致大量潜在合同被拒，签约量锐减。随后要求销售和产研部门全力推进回款，虽有所改善，却因催款过紧影响了客户关系。年底，小 B 归咎销售业绩不佳于销售团队，建议实施更为严苛的绩效考核政策，导致销售团队士气低落，出现飞单、与客户串通等行为。

第六章
AI提高企业运营管理能力

新的一年，小 B 继续其激进策略，建议公司淘汰销售业绩不佳的员工，并裁撤新业务线。尽管裁员和补偿金支付未引发大的舆情和仲裁事件，但公司现金流压力骤增。融资失败进一步加剧了公司困境，小 B 建议降本增效，削减福利和奖金，调整报销支付节奏，导致更多员工离职。

年底，公司人心涣散，骨干员工流失严重。小 B 再次提出裁员以支撑公司渡过难关，直至下一次融资或实现自负盈亏。来年，公司已陷入困境，商机积累不足，产品开发停滞，客户项目交付困难，投诉频发。在复盘时，公司意识到问题始于招错了财务负责人小 B。

要避免招错人的高昂代价，首要步骤是精准确认招聘需求。HR 部门可利用 AI 工具辅助评估招聘需求的合理性，包括人力成本（HC）投入的适当性、组织架构的有效性、岗位设置的清晰度，以及岗位需求和人才画像的明确性，并在整个过程中进行必要的校准与调整。

在上述案例中，尽管 HC 投入、组织架构及岗位设置在表面上没有问题，但在推进招聘流程时，小 A 发现公司对财务负责人的实际需求并不清晰。老板期望新财务负责人能为公司发展带来新思路，提升财务管理水平，满足新需求，但这些需求并未具体落实到所需的核心能力上。若公司需财务驱动发展，那么小 B 这种缺乏业务敏感度和实战经验，仅擅长审计的候选人显然不符合要求。小 A 未能与老板进一步明确人才画像和核心能力侧重，而是盲目追求看似全面实则与业务发展脱节的候选人，导致公司陷入困境。

因此，在明确招聘需求后，面试环节至关重要。需评估候选人的协同配合能力、业务敏感度、成功支持业务的经验和案例、与公司文化的契合度、与高管团队的协同能力，以及经验和能力的匹配程度。此外，入职前的背景调查也不可忽视，应规范流程，预判风险，及时向决策者提示。入职后，试用期内的跟进与观察同样关键，一旦发现不符合预期的情况，应及时判断并采取措施，避免损失扩大。

当然，上述案例的问题不仅在于小A，也涉及老板的急于求成和决策失误，以及公司整体管理机制的不完善。但从招聘角度来看，仍需引以为戒，确保招聘流程的严谨性和有效性。

2．避免重复造轮子

企业要想保持竞争力，就必须充分利用资源，积极共享物尽其用，避免因为地域因素、管理因素等原因造成各自为政，重复建设。因此，建议企业管理者可以在多个维度使用复用策略，提高使用效率。以下是一些常见的方面。

（1）产品设计维度：构建模块化与智能化的产品体系

在产品设计的维度上，企业应全力追求各产品线间底层能力的最大化复用策略。通过采纳模块化设计的先进理念，仿佛运用乐高积木般实现灵活且高效的组合，此举不仅大幅度增强了产品的灵活性与可

第六章
AI提高企业运营管理能力

扩展性，还显著削减了重复开发的成本支出，有效杜绝了资源的无谓损耗。进一步地，将AI技术深度融合其中，特别是利用机器学习算法对产品模块实施智能优化，能够进一步升级产品的综合性能并优化用户体验。AI技术的引入，赋予了产品设计更高的精准度与效率，使之能够迅速响应并满足市场日新月异的需求变化。

（2）管理机制维度：构建智能化自闭环管理体系

随着企业规模的逐步扩大，部分组织遭遇活力减退的难题，遂启动改革，旨在强化考核激励机制。然而，传统做法常引发人力成本攀升及资源重复配置，各部门各自为政建立管理机制，随后的整合与调整不仅效率低下，还需频繁修正。为破解此困局，企业应积极探索构建智能化自闭环管理体系。该体系依托AI技术进行深度数据分析与精准预测，为组织构建与考核激励机制提供坚实的数据支撑，大幅减少人为干预与重复试验。同时，凭借AI辅助的自动化流程，管理体系得以高效运转，既有效控制成本，又显著提升管理效能。

（3）岗位设置维度：打造共享岗位与智能化协同平台

在岗位配置上，企业可采纳前文所述的拉横组织结构理念，创新性地设立共享岗位，诸如销售运营、项目管理办公室（PMO）等，旨在实现跨部门及跨产品线的资源共享。这些岗位不仅强化了公司层面的统一输出与管理一致性，还凭借AI技术，实现了产品培训、系统账号、管理流程等资源的高效智能化复用。AI赋能的协同平台，能够智能识别并自动匹配各部门的具体需求，有效减少重复性工作，显著提升工作效率。对于各部门特有的个性化需求，亦能在整体架构内，通过 AI 算法实现灵活且智能的调整与优化。

（4）信息系统维度：构建集团级智能化信息系统

在信息系统层面，企业应充分利用集团采购的优势，统一进行系统建设，以降低系统账号的使用成本。同时，通过 AI 技术实现系统、账号、信息、工具、文档、产品等的智能化共享与管理。AI 不仅能够自动优化资源配置，还能根据用户行为预测系统需求，提前进行扩容或调整，确保信息系统的稳定运行与高效利用。

（5）资源与经验维度：构建 AI 赋能的销售能力提升平台

在资源与经验方面，企业应积极构建 AI 赋能的销售能力提升平台。通过 AI 技术收集并分析销售数据，挖掘成功案例与失败教训，为销售人员提供个性化的培训与指导。此外，AI 还能根据市场趋势与客户需求，智能推荐销售策略与产品组合，进一步提升公司的销售能力与业绩产出。同时，通过 AI 技术的运用，企业能够更有效地复用与提升内部经验，促进整体效能的持续提升。

综上所述，将 AI 能力结合管理经验外，还可以结合产品设计、管理机制、岗位设置、信息系统以及资源与经验等多个维度，促进多元化集团或者跨地域企业的共享，不仅能够显著提升企业的运营效率与竞争力，还能为企业带来更加智能化、高效化的运营模式。在未来的商业竞争中，这将成为企业保持领先地位的关键所在。

第六章
AI提高企业运营管理能力

3．跨部门沟通机制的建立

在现代企业运营中，部门墙作为一种普遍现象，往往成为阻碍企业高效运作的一大障碍。随着企业规模的扩大，部门间的沟通与协同变得愈发重要。为了打破部门壁垒，提升沟通效率，企业需要建立一套完善的跨部门沟通机制。在这一机制中，AI技术的融入将为沟通与协同带来前所未有的便捷与高效。以下，我们将详细探讨如何通过细化流程步骤、引入标准工具、借助数据看板、建立沟通机制、强化共同目标以及提升沟通能力等方式，结合AI元素，构建一套高效的跨部门沟通机制。

首先，细化流程步骤是提升跨部门沟通效率的基础。企业应将业务流程细化为具体的操作步骤，明确每个节点的输入输出及责任主体。在此基础上，AI技术可以发挥重要作用。例如，通过AI算法对业务流程进行智能化分析，自动识别并优化流程中的瓶颈环节，确保价值链分解的精确性。这种智能化的流程优化，不仅能够提升工作效率，还能减少人为因素导致的误差。

其次，引入标准工具是提升跨部门沟通效率的关键。企业可以采用流程图、价值流图等工具，可视化展现业务流程，帮助团队成员清晰理解每个节点的含义和边界。在此基础上，AI技术可以进一步发挥作用。例如，通过AI技术实现流程图的自动生成与动态更新，使团队成员能够实时了解业务流程的最新变化，从而更加高效地开展跨部门沟通。

再者，借助数据看板是促进跨部门沟通协作的重要手段。数据看板可以实时展示各部门的工作进展和业绩数据，帮助团队成员对目标和进展有一致的理解和认识。在这一过程中，AI技术同样不可或缺。例如，通过AI算法对海量数据进行智能分析，挖掘出各部门之间的关联性和协同点，为跨部门沟通提供有力的数据支持。同时，AI技术还可以实现数据看板的智能化推荐和预警，使团队成员能够及时发现并解决问题。

此外，建立沟通机制是确保跨部门沟通顺畅的保障。企业应明确沟通渠道和频次，确保信息传递的及时性和准确性。在这一机制中，AI技术可以发挥桥梁作用。例如，通过AI技术实现跨部门会议的智能化安排与提醒，确保会议能够按时召开并取得预期效果。同时，AI技术还可以实现会议纪要的自动生成与归档，为后续的跨部门沟通提供有力的参考依据。

强化共同目标是提升跨部门合作意愿的关键。企业应明确整体战略目标和各部门的协同任务，增强团队成员的责任感和归属感。在这一过程中，AI技术可以发挥辅助作用。例如，通过AI算法对各部门的工作数据进行智能分析，评估各部门的贡献度和协同效果，为制定更加合理的战略目标提供有力的数据支持。

最后，提升沟通能力是确保跨部门沟通顺畅的基石。企业应通过培训和实践等方式，提升团队成员的沟通技巧和协作能力。在这一过程中，AI技术同样可以发挥作用。例如，通过AI技术实现沟通技能的

第六章
AI提高企业运营管理能力

智能化培训与评估，帮助团队成员更加准确地掌握沟通技巧和协作方法，从而更加高效地开展跨部门沟通。

综上所述，通过细化流程步骤、引入标准工具、借助数据看板、建立沟通机制、强化共同目标以及提升沟通能力等方式，结合 AI 技术的融入，企业可以构建一套高效的跨部门沟通机制。这一机制将为企业打破部门壁垒、提升沟通效率提供有力的支持。

4．高效会议管理

A 总每日大部分时间被各类会议占据，其中不乏临时增添的议程，日程紧凑，导致下属难以寻得沟通机会，多项工作进度因此受阻。类似情况普遍存在于其他员工中，许多会议缺乏事先准备，仓促召开，参与者众多却讨论不充分，最终无果而终，严重浪费了人力资源。

无效的会议构成了隐性的成本负担，每日都有大量员工的宝贵时间被消耗在这些无意义的会议里。这些时间虽未直接转化为财务支出，但作为公司的隐性成本，其数额之大不容忽视。若将这部分会议时间换算成薪酬成本，其高昂程度着实惊人。

因此，企业应高度重视会议的效率与产出。那么，如何提升会议效率，组织高效会议呢？

根据会议类型的不同，我们可以将其划分为开放式会议与例行会议两大类别。对于例行性的周会、月会或是其他形式的封闭性会议，应当严格按照预定的时间表进行，以确保会议的顺利进行和高效完成。

而对于开放式会议，如战略共创会等，则可以采取更为灵活的时间和日程安排，从而充分保障讨论的深度和广度。高效会议需要做好以下几个环节：

- **会前充分准备**：会议前设定好会议目标、会议形式、参会人员、会议议程，并提前发给相关参会人员进行准备。
- **精减会议流程**：减少不必要的环节，对于无法当场做出结论的事项进行记录并设定跟进人员，会后形成会议结论并同步参与人员，提高会议效率。
- **强调会议纪律**：明确会议纪律和规则，确保会议的有序进行，避免时间浪费和无效讨论，避免参会人迟到或做其他无关事项，影响会议整体进程安排。
- **提升会议控场**：培训会议主持人，提高其引导讨论、控制节奏、归纳总结的能力，确保会议高效、有序进行，确保会议围绕在会议主题进行讨论，避免跑偏和过度发散，并且做好会议纪要或者会议跟进事项。
- **会后进行跟进**：对于会议达成的结论，事后进行同步和后续安排，没有达成结论的形成跟进事项，保证事情不落空。

会议召开应遵循"非必要不召开"的原则。只有当某一事项确实需要多人共同获取信息、参与讨论，或者必须通过集体共识与决策才能最终确定时，才有必要召开会议。同时，会议规模也应严格控制，不应随意扩大，应仅限于能够直接参与解决问题并发挥核心作用的人

第六章
AI提高企业运营管理能力

员，以免无谓地占用他人的宝贵时间，造成资源的浪费。

此外，部分公司还设有专职的会议组织与记录人员，这体现了对会议管理的高度重视。而今，借助 AI 会议记录功能，如飞书等工具的便捷性，会议记录的整理工作得以大幅简化。用户只需在飞书自动生成的会议记录基础上进行必要的更新，即可显著提升会议管理的效率。

案例：借助 AI 优化运营效率

小 A 是某软件公司的 HRBP 负责人，近期公司业务压力大，需要对组织建设进行优化，提升协作效率和业绩产出水平。小 A 所支持的业务线目前的组织架构是按照职能模式划分，分为产品团队、运营团队、设计团队、前端团队、后端团队、算法团队、测试团队和运维团队等，目前组织协同的问题是每个部门的负责人都有自己部门的发展规划，对业务线都不承担直接业绩，因此小 A 需要设计组织提效的方案。

经过 AI 系统对会议数据的深入分析，发现跨部门协同的大型会议所占用时长惊人。调研访谈揭示，这类进度对齐会议常需各部门相关人员全员参与，但实际上许多仅为配合角色，无须全程投入。算法人员常突遭会议邀请，缺乏事先沟通会议目的，进入后发现自己无须推进或协同事项，只能无奈退出。有时，会议仅为沟通单一指标，却耗费大量时间集合众人。这些问题极大浪费了大家的时间。

更为严重的是，即便开会，若能有效解决问题尚可接受，后续提升会议效率即可。但事实是，这类大型会议往往占用时间后却无果而终，缺乏结论、跟进事项、负责人及交付时间点，沦为无效会议。其根源在于组织协同不畅，会议成为推卸责任的场所，问题被提出却无解决方案，无人负责，导致目标严重延误。

小A和业务线负责人沟通，建议对组织架构进行了调整，按照协同程度高低划分了三纵一横的方式，三纵是三条和业务线对接紧密的产研人员，一横是与业务解耦的共享技术支持团队，调整完后，每条线的负责人需要对所负责的产品线的产能、研发进度、质量、成本、风险等问题承担责任，并且对团队有选育用留的权力。

其次，小A协同PMO利用AI应用Office的Copilot，对项目管理系统的数据与人员数据进行了深度关联分析。结果显示，有50%的项目在需求提出阶段便遭遇停滞，原因在于需求沟通阶段过早地引入了众多产研人员，造成了时间的极大浪费。为此，小A与PMO共同建立了项目实时监控看板系统，该系统每周定期推送数据，并在遇到突发问题时及时通知，确保项目负责人和产品负责人能实时掌握项目进展。同时，对需求管理流程进行了优化，系统会根据每个人当前对

第六章
AI提高企业运营管理能力

接的需求数量和难度进行动态评估与调整，以确保每位成员的工作量保持平衡。

此外，小 A 在团队内部积极推广 GitHub 的 Copilot AI 应用，有效提升了编码的效率与质量。在小组内的实践表明，这一举措成效显著，原本频繁加班的团队如今加班时长大幅减少，同时团队还能承接更多项目。尽管每个 AI 账号的年费用约为 1500 元，但由此节约的加班工时成本却高达 300 万元以上。

利用 AI 能力，组织问题得以精准识别，从而避免了以往仅凭主观感觉说服部门负责人进行架构调整的沟通成本。通过 AI 进行需求管理，项目经理和产品经理能更有效地管理需求池，提高了需求的响应速度和人员利用率。同时，AI 也显著提升了开发人员的编码效率。经过这一系列优化措施，组织的人力成本投入降低了 30% 以上，项目承接数量提升了 10%，且产出质量也得到显著提高，赢得了更多客户的满意。

三、提升组织人员的使用效率

1．打造高效能的企业文化

企业管理不能全然依赖于冰冷的制度与政策，因为制度无法面面俱到，总会存在交叉与模糊地带，这时就需要企业文化作为精神引领与补充。构建高效能的企业文化，能很好地弥补这一缺陷，让员工明确公司倡导的方向。在缺乏制度流程约束的领域，员工也能据此判断自己的行为准则。当员工自发地去做事时，他们会更加投入，企业也因此节省了大量的沟通解释成本，从而有助于提升组织效能。

企业文化在很大程度上就是创始团队的文化，或者说是创始人的文化，打造高效能的企业文化非常重要。例如相互信任、拥抱变化、客户第一等，每家企业可能不尽相同。从组织效能角度打造一个能上能下、拥抱变化的企业文化尤为重要，对于公司的管理效率、经营能力都会有很大的提升。

当企业规模小于50人时，尚可通过创始人或创始团队进行管理。

第六章
AI提高企业运营管理能力

然而，一旦公司规模扩大至200人以上，管理问题便会逐渐浮现。此时，若建立管理机制，可能会制约业务拓展的速度；但若不建立，则各类风险会接踵而至，组织协同问题也会日益凸显。在这一阶段，公司仍可能迅速调整竞争策略和匹配方式。若缺乏优秀企业文化的支撑，公司将难以快速响应外界变化，也难以实现管理效率的提升。

打造高效能的企业文化，通常需要做好以下事项。

在招聘初期，应优先选拔那些乐于接受变革的候选人，依据其过往工作经历及对待变化的态度进行初步评估。面对与公司文化不完全契合但高度心仪的候选人，需评估岗位是否具备较高的稳定性，如技术或职能类岗位。而对于可能随业务波动频繁调整的岗位，则需谨慎考量，以免未来合作难以长久。

其次，创始团队应定期聚首，深入探讨与企业文化相关的议题。例如，面对公司价值观中的"诚信正直"，在产品价格因失误设定不当导致损失时，我们有两种处理方式：一是如实告知客户价格错误，请求退还商品或补齐差价；二是承认错误，并向客户说明情况，同时表达公司愿意承担此责任，并希望客户能因此看到我们的诚意，进而协助宣传。我们当时选择了后者。通过此类讨论，团队成员能更深入地理解并达成共识于公司的企业文化。

再次，老板需亲身践行企业文化，如公司推崇"无总文化"，老板应率先垂范，主动倡导无职位等级的称呼，并对违反者给予温馨提醒或小惩罚，以此加深员工对此文化的印象。同时，管理团队也需担当起文化代言人的角色，时刻以企业价值观为准则，自我要求并引领团队，共同树立良好榜样。

此外，企业价值观需被直观展现、深刻感受，并全面融入日常管理与绩效考核体系。可借助洋葱模型等工具深化企业文化的渗透，通过树立文化标杆、解读与讨论文化案例、组织文化活动，以及实施文化价值观考核等多种途径，进一步强化其影响力。

不同的公司有不同的企业文化，文化没有好坏之分，但是打造高效能企业文化，对于企业绩效水平的提升有着不可替代的作用。例如，包容性强的企业文化，更加鼓励创新和试错，有利于激发员工的自驱力；执行力强的企业文化，有利于战略的落地和推进，实现战略意图。管理者要充分调动群体的力量，共同打造高性能企业文化。

前面提及的麦当劳《来吧，新番茄》企业文化手册，堪称企业文化传播的一大典范。该手册通过企业管理者精准的问题发现与巧妙设计，并借助AI技术得以实现，展现了管理者与AI融合的未来趋势，为企业文化传递提供了新颖且高效的路径。

2．打造战略薪酬激励体系

公司究竟应该投入多少薪酬成本才合理？这些成本是否都发挥了应有的作用？为何员工在工作中显得缺乏活力呢？构建战略性的薪酬激励体系，能否根据员工的工作表现、能力和贡献进行差异化激励，从而优化人力资源配置，确保投入的人力成本产生更大的效益，实现

第六章
AI提高企业运营管理能力

效率的最大化。

企业将更多的资源投入到优秀员工身上,提高整体工作效率和竞争力,实现公司价值的最大化,同时实现个人价值的最大化,实现公司和员工双赢。另外,战略薪酬激励体系可以帮助构建充满活力的组织通过合理的薪酬结构和激励机制,激发员工的工作热情和积极性。员工为了获得更高的薪酬,会更加努力地工作,提高工作质量和效率。

战略薪酬激励体系需紧密围绕公司战略展开业务梳理,针对业务发展的需求与痛点,识别组织能力的不足,随后制定相应的人力资源管理规划,并据此设计战略薪酬激励体系。战略,旨在为实现长期目标而规划的总体蓝图与行动方向,它要求深入剖析内外部环境,以确定最优行动策略。

那么,如何深入理解战略呢?部分公司已明确设定了战略目标,但更多企业可能尚未明确提出。对于后者,我们可通过多种途径获取相关信息以增进理解。要深入理解战略,可从以下几方面着手获取信息。

- **财务视角**:分析公司收入构成,识别主要收入来源、利润支撑点及新业务板块,评估业务发展状况与 ROI(投资回报率),明确各产品与业务的战略地位,并与内外部数据进行对标。
- **业务维度**:审视客户群体、产品线、服务线、销售渠道、竞争对手及业务周期特点，掌握当前业务进展。这有助于判断人才来源与组织布局，基于产品与客户需求洞察问题与痛点，梳理组织能力短板与需求。

- **文化与管理风格**：考察老板及高管团队的背景、管理风格、企业文化，预判合作方式，理解公司行为模式，以便制定更易实施的策略与路径。
- **组织与人员状况**：分析组织架构、管理幅度、业务协作流程、组织缺口，以及人员构成、简历、岗位职责、职级、绩效、薪酬与能力等，识别关键人物与问题推动的关键点，进一步评估组织能力。

通过上述分析，可初步形成业务与组织判断。利用业务组织盘点工具，如详细表格，深入了解各部门产品、客户、人员与人力成本，通过历史与行业数据对比，揭示产品、业务问题，并从组织能力角度进行初步评估，如资源分配合理性等。

随后，基于对公司战略及薪酬战略的清晰认知，深入分析薪酬数据，包括内部公平性、外部竞争力、薪酬结构与激励性，诊断薪酬管理问题，找出根源并制定解决方案。通过提升薪酬有效性，确保投入成本产生更大效益。

此外，根据企业实际，采用长期激励措施，如现金与股权激励组合，增强薪酬激励效果。结合数据分析看板与AI工具，企业管理者

第六章
AI提高企业运营管理能力

能更高效地发现问题、提出改进建议。AI虽不能替代人类决策，但极大提升了数据收集、整理与分析的效率，实现了以往难以达成的能力。

案例：公司上市了，员工为什么不高兴？

小A近期情绪低落，身为公司管理人员，他因公司即将上市而获得大量期权，并提前贷款购房，期待上市后卖股还贷。然而，公司上市进程受阻，即便最终上市，股价大幅下滑，房价又暴跌，这使他陷入两难：卖房则损失惨重，不卖则贷款压力山大。

相比之下，小B所在公司已上市，但股价受市场大环境影响有所下跌，收益未达预期，故他决定等待市场好转再出售股票。

小C则对公司上市持无所谓态度，他认为上市后公司报销与领用办公用品等流程变得烦琐，不如上市前灵活。

公司上市对员工的影响因情况而异。对于未实施长期激励计划的公司，上市可能在管理上更加规范，因需遵循上市公司管理规定及披露财报，面临更大压力，但对员工收入影响不大。而对于实施长期激励计划的公司，即便上市，若股价破发或大跌，员工仍难获收益。历史上，互联网"造富神话"曾风靡一时，但众多互联网公司因无法自负盈亏而破产或上市后退市，员工与高管收益均无保障。更有公司上市后股价远低于发行价与授予价，员工收益大幅缩水甚至归零。

因此，公司上市对大多数员工而言，并非想象中的欢欣鼓舞，尤其是那些对长期激励抱有期望的人员。作为管理人员，公司上市虽为首要目标，但亦需思考如何绑定更多员工与公司共同奋斗。具体策略包括：一、有能力且愿意设置长期激励计划的，可考虑将核心员工纳入，转变其打工心态，使其更关心公司业绩与目标；二、未实施长期激励计划的公司，可设立基于里程碑的奖励，如上市激励奖金、利润分红等，增强员工归属感；三、深化企业文化，使员工从内心接受并愿意为公司付出，同时上市也为员工未来发展提供更多机会，即便离职，在履历上也是加分项。此外，避免过度承诺，如某公司曾对员工承诺股价收益，结果未达预期，导致员工纷纷要求兑现，而公司无力承担。

3．如何做好绩效管理

时常耳闻一些关于绩效管理的陈词滥调，诸如公司缺乏有效绩效管理，或绩效管理流于形式，反而加重了员工的表格填写负担。绩效管理之所以失效，往往源于以下几个问题：一是过度"神化"绩效管理，忽视其他管理手段，导致绩效管理变形走样；二是片面强调个人绩效，

第六章
AI提高企业运营管理能力

而置组织绩效于不顾；三是过分看重结果，轻视过程管理，缺乏必要的绩效辅导与沟通；四是绩效与激励机制脱节，致使激励效果大打折扣；五是绩效评价缺乏客观依据，难以令人信服。

部分企业在实践过程中，对多种绩效管理工具表达了不满。它们指出，盲目追随潮流而实施的 OKR 体系并不贴合企业实际；KPI 指标虽具有量化优势，却难以满足业务发展的多元化需求；平衡计分卡则因其复杂性，导致员工耗费大量时间填写各类表格与提交报告，影响了工作效率。然而，需明确的是，绩效管理工具本身具有其独特的优势与局限，关键在于企业如何合理运用这些工具，这才是问题所在。

绩效管理的精髓，在于绩效沟通、反馈与辅导。缺乏有效沟通，绩效管理便无从谈起。绩效管理的根本目的，旨在推动组织目标的顺利实现，促进个人能力的持续提升，并以此为基础，确保奖惩机制的公正与透明。因此，在实施绩效管理时，我们应当聚焦于其关键管理环节，精心执行 PDCA（计划－执行－检查－行动）循环的每一步骤，而不应被任何一种绩效管理工具所束缚。

换言之，企业需根据自身实际情况，灵活选用并优化绩效管理工具，同时注重绩效过程中的沟通与反馈，确保绩效管理能够真正服务于组织发展，促进员工成长，实现奖惩有据、公正合理的管理目标。我们推荐使用敏捷绩效管理的理念进行绩效管理，如图 6-1 所示：

```
                    ↑
              敏捷绩效管理
```

外部变化：	组织变化：	绩效管理变化：	激励策略变化：
1.**经济形式**：全球经济形势的变化，企业面临的生存环境恶化，需要找到一个简单有效的方法进行绩效管理 2.**技术发展**：很多工作都可以被技术和机器取代，我们应该拥抱变化，善于运用好这些工具帮助我们一起进行管理，传统的管理方式不再适用目前的情况 3.**政策变化**：政策对行业的影响，要求全员更快速响应	1.**战略问题**：外部环境多变的情况下，企业的战略也会频繁调整，还没有看清楚形势想清楚战略，情况就发生了变化 2.**组织架构**：战略的频繁调整需要频繁调整组织架构，以适应和以不变应万变 3.**信息断层**：由于组织调整且信息共享机制未建立，无法上下同欲、目标一致，未能减少内耗，造成信息断层和决策失误	1.**绩效目标频繁调整**：组织目标频繁变化，就需要不断调整目标，相应的就需要调整绩效管理目标，花费大量精力在期初制定目标得不偿失 2.**绩效评估矛盾频发**：由于目标的频繁调整，绩效评价时频繁出现考评者和被考评者分歧巨大的情况 3.**绩效管理难度加大**：目前的绩效管理工具都不能很好地解决上述问题，管理难度加大	1.**激励预算有限**：物质激励的预算有限，精神激励越来越重要，需要加强精神激励和反馈 2.**组织绩效更重要**：没有人擅长所有的领域，组织协作越来越重要，需要更加关注组织绩效，激励更应该倾向组织激励 3.**过程管理与结果管理并重**：在不断变化的情况下，过程辅导和反馈就更加重要，方向调整和支持才能有利于结果达成和业绩改善，激励应该在过程中也有所体现

图 6-1　为什么需要敏捷绩效管理

敏捷绩效管理对战略规划的精确度要求相对较低，只需确保大方向基本正确，便能通过小步快跑、快速迭代的方式推进。它更侧重于管理的本质，不过分强调系统、表格等形式，而是将共识与方向的一致性视为关键。敏捷绩效管理更加注重绩效过程中的辅导、沟通与改进，而非单一地聚焦于绩效目标的设定与结果评价。在PDCA（绩效目标设定、绩效沟通与辅导、绩效评估与反馈、绩效结果的应用与优化）循环中，它尤为强调D环节——绩效沟通与辅导，认为只有过程管理得当，才能确保最终结果的优异。此外，敏捷绩效管理降低了对管理者个人能力的过高要求，无须他们具备高瞻远瞩的视野，而是鼓

第六章
AI提高企业运营管理能力

励他们根据实际情况进行灵活反馈与调整，以促进目标的顺利达成。这一模式更为普适，适合更多企业采纳与应用。

敏捷绩效管理的PDCA循环虽与传统绩效管理框架相似，但其时间分配与关注焦点更多倾向于D环节——绩效沟通与辅导。这一模式强调通过高效、精准的绩效沟通与辅导，助力员工达成既定绩效目标。在目标设定上，敏捷绩效管理追求轻量化，以便灵活应对外部环境的变化，并在沟通与辅导过程中对目标进行调整，确保团队始终保持一致的前进方向。

在过往的敏捷绩效管理方法分享中，我们收获了积极的反馈。然而，一个普遍的应用难点在于，日常辅导需占用管理者大量时间。幸运的是，现今AI技术的引入极大缓解了这一问题。AI不仅能在关键时间节点提醒管理者关注相关事务，还能提供个性化的管理方法与工具建议，甚至生成文案参考，管理者可根据实际情况灵活选用。

一位管理者分享道，以往他为团队某员工准备五周年鼓励语时，不仅错过了当天，而且言辞更像工作安排，缺乏温度。但在AI文案的辅助下，他稍作修改便得出了既温馨又独特的祝福语，有效拉近了与员工的距离。

下面是一家公司提炼的绩效管理关键环节，也是基于敏捷绩效管理的理念进行的管理沉淀，如图6-2所示。

1. 定目标	2. 定奖惩	3. 有共识
□目标拆解 □人人有山头 □山山有人头	□如何晋升 □如何调薪 □如何增加员工的心理收入	□统一语言 □双向沟通 □调整也要共识
4. 周度看板	5. 上半场沟通	6. 下半场沟通
□周期性例会 □目标看板 □专项沟通	□明确目标 □跟进进度 □帮助达成	□绩效反馈 □绩效辅导 □关注目标调整的情形
7. 结果评估	8. 庆功奖励	9. 好好再见
□员工自评 □寻找事实和依据 □团队内拉通 □做好沟通	□重奖头部 □共创卓越 □庆功机制	□好好再见的情理法 □三种角色的分工配合 □离职面谈的两要两不要

图 6-2　激励九步法

实施敏捷绩效管理有如下几个关键点：

- 老板和管理者的认同和支持至关重要。
- 管理者需强化沟通、反馈及辅导能力，尤其对于高层管理者，更应深刻理解这些技能背后的原因与重要性。
- 流程化的制度设计能有效辅助管理者与员工实施绩效管理，例如，在周会、周报、共创会等常规机制中融入目标回顾环节，并确保这些机制具备一定的灵活性。

第六章
AI提高企业运营管理能力

- 搭好场子，促进做好过程管理
- 企业文化是基础也是助力，建设好文化对于敏捷绩效管理的推进、企业目标的完成起到至关重要的作用。

4．组织人才盘点

组织人才盘点是进一步细颗粒度进行企业效能提升的工具。组织人才盘点有不同的工具，针对不同的组织人才盘点目标有不同的盘点方式。在进行人才盘点前，先要做好组织盘点。前面我们讲述了如何进行企业战略的理解，以及从战略转化到组织能力的需求。组织盘点就是帮我们进一步看清如何在企业进行组织设计，如何进行排兵布阵。

组织盘点旨在评估组织能力对战略目标实现的支撑程度，通过识别差距来动态规划人力资源，进而补足能力缺口。这一过程涉及对组织结构、能力及效能的全面评估，包括对比战略目标所需能力与当前实际能力，并据此查找不足。评估可基于业务价值链的各环节或组织绩效产出进行。采用六个盒子、Q12问卷、人员访谈等工具，并结合组织效能指标（如人均销售收入、人均利润、人均成本、元均销售收入、元均利润等，根据企业实际情况选定），进行历史数据对比、竞品分析及相似业务线对比。综合上述分析，得出组织盘点结果，并据此设计未来调整规划，如图6-3所示。

盘点维度	数据指标
• 战略与目标：是否清晰、明确且与市场环境相适应 • 组织结构：部门设置是否合理，有无重叠或缺失、汇报关系和沟通渠道是否顺畅 • 流程与制度：审查流程的效率和效果，各项规章制度的合理性、执行情况等 • 文化与氛围：员工对文化的认同和践行程度，合作氛围、员工满意度和敬业度 • 资源配置：人力、财务、技术等资源在各部门和业务中的分配是否合理、是否充分利用以及是否存在短缺或浪费的情况 • 外部环境适应性：组织对市场变化、行业趋势、竞争对手动态等外部因素的感知和应对能力	• 财务类指标：ROI（投资回报率）、收入达成率、利润达成率、人效、元效、坪效等 • 业务指标：资源利用率、市场占有率、客户满意度、NPS（净推荐率）、MAU（月度活跃用户）、流程审批时长等 • 组织类指标：管理层次与管理幅度、员工满意度、团队合作满意度、人员数量、人员质量、人员结构、人员流动率等

图 6-3 组织盘点维度和指标

完成组织盘点后，人才盘点成为必要环节。通过这一步骤，企业能清晰把握现有人才资源状况，涵盖员工能力层级与岗位契合度等方面。这有助于精确识别人才缺口，从而指导后续管理举措，诸如人才培养、岗位轮换、工作职责调整、管理跨度增减、绩效优化、设立观察期、维持现状或进行人员更替等。

通过人才盘点，企业能够达成以下目标：

- **助力战略实施**：依据战略规划与业务蓝图，精准预测关键岗位的人才需求。

- **统一评价标准**：促使管理者采用统一标尺评估与选拔人才，确保评价的公正性与一致性。

- **精准人才识别**：全面评估各级人才，构建多元化人才池与标签体系，使高潜力人才脱颖而出。
- **驱动人才成长（重点）**：基于盘点结果，明确员工能力现状与发展需求，规划人才引进、流动、晋升、培养及激励机制，促进人才全面发展。

人才盘点的效能提升，关键在于后续管理动作的跟进。可依据九宫格模型，结合绩效与潜力评估，制定针对性的管理策略。同时，也可综合多维度信息，设计更为细致的管理行动计划。以下列举的是人才盘点后可能采取的后续管理动作示例，如图 6-4 所示。

人才盘点结果	人才发展计划	管理动作
绩效：last 能力 & 潜力：Mid 30%	绩效改进	· PIP 计划 · 岗位调整
绩效：Top 30% 能力：Top 30% 潜力：不是 last	晋升发展	· 项目机会 · 管理幅度 · 管理职级
绩效：Mid 30% 能力 & 潜力：Top 30%	人才梯队	· 高潜培养项目 · 继任者计划
绩效：不是 Last 能力：Mid 30% 潜力：Top 30%	能力提升	· 轮岗 · 辅导 / 导师 · 培训课程或培养项目
绩效 & 潜力 & 能力：均为 Last	淘汰替换	· 内招 / 外招
绩效 & 潜力 & 能力：均为 Mid	维持 & 上级辅导	· 维持现有管理现状 · 根据部门情况进行适当的资源倾斜

图 6-4 人员盘点的应用

人员能力与岗位匹配是一个持续演变的动态过程，通常建议大约每年进行一次系统的组织人才盘点，以便灵活调整人员激励、发展规划与岗位配置，从而不断提升组织效能。利用AI工具，可以将人员盘点结果与多维度数据进行关联分析，识别潜在风险，并在系统中形成全面的人员档案，为晋升决策与人才培育提供坚实基础，无缝衔接并优化员工的整个职业发展周期。

第七章

借助 AI 提升管理者管理能力

一、优秀管理者的特征

不同企业对管理者的要求各有侧重，但优秀的管理者普遍展现出一些共性特质：一是能够平衡个人执行与团队领导，既能独立作战，又能有效指挥团队；二是擅长解决问题，确保目标达成；三是具有强烈的责任感与突破创新的勇气。管理者的核心职责在于带领团队达成目标，构建高效团队，并传承企业文化，简而言之，即管好事、理好人、传文化。

管理者管理能力参差不齐是企业普遍面临的挑战，特别是在快速发展的高科技、互联网等行业尤为突出。这些行业因发展迅速，往往导致管理者年轻化且缺乏团队管理经验，同时新兴行业缺乏成熟的管理模式可供借鉴，管理者领导力建设因此成为难题。

当今时代，AI技术的应用为企业提升管理者能力提供了有力支持。例如，AI能根据输入的大纲或框架，迅速生成行动方案与工作计划，管理者只需明确目标与大致规划，即可轻松获得详尽方案，并在此基础上进行修改完善。此外，AI的提醒功能也极大便利了团队成员的管

第七章
借助AI提升管理者管理能力

理。然而，AI虽强，却不能完全替代人的作用，管理者仍需不断加强自身能力的修炼与提升。

  管理者的胜任力对于企业的成长与效能提升具有举足轻重的作用，正如俗语所言，"兵弱只弱一人，将弱则全军受累"。众多企业面临的执行难题，往往根源在于管理者的表现。管理者需掌握带领团队的基本功，从精准招聘合适人才、高效管理事务、妥善协调人员关系，到传承企业文化，每一步都考验着他们的能力与责任。在此过程中，合理利用AI技术，能够助力管理者在某些方面取得更加显著的效果。

二、招聘合适的人，不是最好的人

招聘合适的人才，并不意味着追求最优，而是像寻找伴侣一样，注重匹配度与长久相处之道，避免因差距过大而导致的不和谐。通常，我们期望候选人能够满足企业未来两年左右的发展需求，并具备出色的适应能力和学习潜力，能够伴随企业一同成长，为企业长远发展贡献力量。理想的招聘应综合考虑以下方面：首先，找到与岗位高度匹配的人才是首要目标，人岗匹配才能人尽其才。虽然人选不一定是最出众的，但与岗位高度匹配的员工，往往能更快地适应工作，实现更高的工作效率与员工满意度。

其次，文化和风格与团队相匹配。团队成员之间的性格、工作风格和沟通能力对于团队的整体效能至关重要。一个与团队文化、氛围相契合的员工，即使不是最优秀的，也能为团队带来正能量，促进团队合作。

另外，成本效益也是考虑的因素，一般情况，如果有足够的招聘周期，都可以找到性价比较高的员工，降低企业的运营成本，合适的

第七章
借助AI提升管理者管理能力

人选往往比顶尖人才在成本上更为经济，顶尖人才拥有更多选择，谈判难度加大，且存在后期拒绝录用的风险。

借助经验进行人为的匹配，可以提高识人的准确率，如果短期内没有这样的经验和能力，可以借助AI的分析能力，帮助企业进行岗位分析、简历的筛选、候选人分析，以及人岗匹配分析，例如，借助字节跳动的智能工具（如扣子），企业可以部署岗位分析代理，辅助进行决策判断。

A总近期在招聘战略总监一职时，面临两位候选人的选择难题。B拥有深厚的咨询公司背景，专业基础扎实，理论框架全面，能够为公司现有人员提供全面的提升与辅导。然而，B缺乏企业工作经验，让人担忧其是否能适应企业环境并踏实工作，同时，咨询公司项目虽广，但深度不足，其项目能否在企业中有效落地成为难点。C则具备在同行业多家公司任职的经历，拥有丰富的项目运营管理经验，与公司当前需求高度契合。尽管C缺乏咨询公司背景，在理论基础与框架构建上稍逊于B，对行业洞察也略显不足，但在项目落地、问题解决及团队管理方面展现出了扎实的能力。

考虑到岗位需求，战略总监需带领团队进行行业分析、洞察发展机会，为新兴相关领域提供有价值的建议，并负责公司级战略项目的落地。战略部门现有成员中已有一位咨询公司背景的同事及一名海归实习生。从岗位匹配度来看，C更为适合，其带项目的经验与管理能力能够弥补团队在实操层面的不足，同时与咨询背景的同事形成优势互补。此外，C跨部门协作能力强，与公司文化高度契合，且在薪资方面要求更低。因此，综合上述多方面因素，A总决定聘用C。

经过试用期的考核，C也证明了自己的能力，承担起了战略部负责人的职责，带领团队做出了不错的业绩。

三、管好事

作为团队管理者，最首要的目标是管好事，带领团队完成目标。需要管理者在绩效目标设定、绩效目标跟进、绩效辅导沟通反馈、绩效结果评估上都需要管理者花费比较多的时间。

当前，众多系统管理工具助力管理者高效管理事务，涵盖自动化分析的数据看板。通过构建针对关键指标的数据化展示板，并将相关数据源与之关联，实现了对业务目标的动态监控与管理干预。例如 BI 系统 Tableau 是一款功能强大、易于使用的 BI 数据可视化工具，支持多种数据源，并提供交互式报表，推送给相关的管理者，帮助管理者动态管理。数据看板是进行目标跟进的重要方式。目标跟进时，要根据工作类型设置不同的追踪节点，按时间进度或项目节点进行跟进。对于考核期内的过程追踪，每次沟通都应兼顾事务与人。管理者可依据自身业务特性，提炼并梳理团队专属的数据看板，这既有助于形成共识语言，加速目标达成进度，又能提升沟通效率，并作为考核指标。清晰界定事务，便能触类旁通，确保从业务起点至目标均一目了然。

结合 AI 工具与 BI 系统，管理者对事务进度的掌控能力将显著提升。但在构建数据化看板之前，还需妥善完成以下准备工作。

首先，管理者需与团队成员协同确立团队的整体目标，确保这些目标遵循 SMART 原则，即具体、可衡量、可达成、相关性强且时限明确。随后，将整体目标细化为更小、更精确的个人或小组目标，使每位成员都能清晰认知自己的职责与任务。有的公司在绩效目标分解上采用简洁直接的口号，如"要山山有人头"（每项任务有责任人）、"人人有山头"（每人有具体目标）、"不交山头就交人头"（未完成目标将承担后果）。另有公司针对管理人员的绩效考核设定三大核心方向：制定策略（Make Strategy）、构建团队（Build Team）、达成指标（Deliver Numbers）。企业应依据自身特色，构建适宜的管理架构，助力管理者有效承接并分解战略目标。

绩效目标的设定可以借助一些绩效管理工具，例如 KPI、OKR、MBO、BSC 等，也可以结合管理的节奏敏捷迭代绩效目标。大型公司还可以用 OKR 作为目标管理工具，用 KPI 作为绩效管理工具，两者结合使用，中小公司可以采用单一工具来简化管理工作。绩效目标的设定应融合定性指标与定量指标，同时兼顾过程指标与结果指标。设定绩效目标值时，可参照历史数据、行业数据及竞品数据。对于新业务，若难以设定绝对目标值，可采用相对目标法，依据增长率与排名进行绩效评分。绩效指标设计需根据经营指标、核心能力指标及价值观指标合理分配权重，考核目标则从数量、质量、成本、时间四个维

第七章
借助AI提升管理者管理能力

度展开，例如绝对目标可设为具体数值，而相对目标则关注增长比例或排名情况。

绝对目标：设定清晰具体的目标值，例如，实收达到1亿元、开设100个仓库，适用于目标可准确预设且变动较小的情况。

相对目标：通过小组或个人间的竞争对比来设定，适用于组织及人员变动频繁、目标不确定性较高的场景。

绩效指标是绩效目标的载体，其来源包括：从战略目标层层分解；基于岗位职责提炼；源于阶段性工作重点；协同部门间的需求对接。为此，可制定相应模板工具，如图7-1所示。

一级部门	二级部门	被评估人	层级	考核指标	考核目标值	权重	考核评分	考核数据来源
A部门	KA部门	×××	T3	1.年度签约额完成率，毛利率25%以上	2亿	50%	得分+权重	财务报表
				2.可持续收入的客户数量和确收额占比，各50%权重	10个，40%	30%	得分+权重	项目报表
				3.有效商机储备金额和商机转化率，各50%权重	15亿，33%	20%	得分+权重	商机报表
				合计		100%	0.00	
A部门	中小业务部门	×××	T3	1.年度签约额完成率，毛利率30%以上	1.2亿	50%	得分+权重	财务报表
				2.可持续收入的客户数量和确收额占比，各50%权重	50个，15%	30%	得分+权重	项目报表
				3.有效商机储备金额和商机转化率，各50%权重	6亿，33%	20%	得分+权重	商机报表
				合计		100%	0.00	

续表

一级部门	二级部门	被评估人	层级	考核指标	考核目标值	权重	考核评分	考核数据来源
A部门	渠道部门	×××	T3	1. 年度签约额完成率，毛利率22%以上	6000万	50%	得分+权重	财务报表
				2. 可持续收入的客户数量和确收额占比，各50%权重	15个，25%	30%	得分+权重	项目报表
				3. 有效商机储备金额和商机转化率，各50%权重	3亿，33%	20%	得分+权重	商机报表
				合计		100%	0.00	

图 7-1 绩效考核表示例

根据敏捷绩效管理的理念，绩效目标的设定不容易精准并且还可能面临不断修改的情况，因此可以不用花费太多的时间精力，可以在推进过程中逐步地迭代调整。借助这些 AI 工具就可以降低企业管理者分析和整理的时间，把更多时间用在思考改进策略以及如何提升工作目标进展上。

绩效管理的核心在于绩效辅导与沟通环节。管理人员须养成反馈与辅导的习惯，助力下属认知工作成效及改进路径，以达成更高目标。无需专门安排时间进行反馈与沟通，可在每次会议、看板查看及日常沟通中，既反馈工作进展也指明方向与评价，持续挖掘员工潜能，优化其绩效，并助其实现目标。管理者进行绩效辅导，通常有以下三个环节。

准备阶段：搜集全面信息，结合人员评价、员工工作历史、职业

第七章
借助AI提升管理者管理能力

规划、过往数据、面谈记录等，回顾既定目标，剖析目标达成差距及其成因，组织员工自我评价并反馈结果，预估潜在问题并制定应对策略。

沟通阶段：共同研讨，启发思考，精准定位问题，并制定切实有效的后续行动计划。

追踪阶段：关注行动执行情况，解决员工遇到的问题和障碍，提供员工所需资源和培训支持。

绩效辅导旨在助力团队成员达成目标，灵活调配资源并提供必要支持。一旦发现绩效目标与实现之间存在差距，应立即调整执行策略和行动路径，确保不偏离预定方向。事后，应带领团队进行复盘，深入分析问题与差距的根源，提炼经验教训，防止未来重蹈覆辙。

此外，通过定期例会，员工可汇报工作进度，管理者则提供反馈与协助；针对特定问题，可安排专项沟通，根据员工需求进行深入交流。

四、理好人

管理，这一融合了技术与艺术的学问，在新时代的背景下，正逐步融入 AI 技术的元素，展现出前所未有的活力与深度。在传统的管理实践中，有的管理者擅长运用各种工具和模型来优化流程、提升效率，而有的则更依赖于高情商的交流与互动，以激发团队的潜能。然而，随着人工智能技术的飞速发展，管理者们开始意识到，将 AI 技术与管理艺术相结合，或许能开启一扇通往更高效、更人性化管理的大门。

管理者可以利用 AI 技术对团队成员进行精细化划分，基于大数据分析，快速识别出不同成员的能力水平、性格特点以及潜在的发展空间。这种精准的人员分类，为管理者制定个性化的管理策略提供了坚实的基础。例如，对于态度积极但能力稍弱的成员，AI 可以辅助管理者制订详细的培训计划，通过智能推荐学习资源、模拟训练等方式，帮助他们快速提升技能水平。同时，AI 还能实时跟踪成员的学习进度，为管理者提供反馈，以便及时调整培训方案。

对于态度好且能力强的成员，AI 技术则能协助管理者为他们创造

第七章
借助AI提升管理者管理能力

更多的展示机会和锻炼平台。通过智能分析成员的工作表现和潜力，AI可以精准推荐适合他们的项目或任务，让他们在挑战中成长，同时也能为团队带来更多的创新成果。此外，AI还能帮助管理者收集并整合这些成员的意见和建议，为团队的决策提供更加全面、客观的参考。

面对态度或能力存在问题的成员，AI技术同样能发挥重要作用。通过智能分析成员的行为模式和沟通记录，AI可以识别出潜在的问题根源，为管理者提供针对性的解决方案。例如，对于态度消极且能力不足的成员，AI可以辅助管理者制定个性化的激励计划和改进方案，帮助他们重拾信心、提升能力。而对于态度不佳但能力出众的成员，AI则能协助管理者进行深入的沟通与交流，了解他们的真实想法和需求，从而找到解决问题的关键所在。

在绩效管理方面，AI技术同样能够发挥巨大作用。通过智能分析成员的绩效数据，管理者可以快速识别出绩效优异和落后的员工。对于绩优员工，AI可以协助管理者制定更加合理的奖励方式，激发他们的积极性和创造力，同时鼓励他们成为团队的榜样和引领者。而对于绩效落后的员工，AI则能辅助管理者进行深入的沟通与分析，找出问题的根源并制定改进计划，帮助他们尽快提升绩效水平。

此外，还可以借助各种性格测试工具如MBTI、DISC、16PF、大五人格等，这些工具不仅能够帮助管理者更加深入地了解团队成员的性格特点和能力特长，还能为制定个性化的管理策略提供有力支持。同时，结合克里夫顿优势理论等先进理念，管理者可以更加关注并发挥团队成员的优势才能，实现团队效能的最大化。

总之，将 AI 技术融入管理实践，不仅能够提升管理效率和质量，还能为团队成员提供更加个性化、人性化的支持和关怀。在未来的管理中，AI 技术将成为管理者不可或缺的重要助手，共同推动团队向着更高的目标迈进。

某公司在其人力资源部门内开展了一项优势分析活动，旨在深入挖掘员工的潜在能力。人力资源负责人通过细致观察，发现某招聘团队成员展现出卓越的统率才能，天生具备领导者的气质，能够引领团队并有效激发团队成员的潜能。鉴于此，负责人在后续的招聘小组负责人选拔中，优先考虑给予该员工一个施展才华的机会。

结果不负所望，该员工在团队管理方面表现出色，带领团队克服了一个又一个挑战。面对业务团队提出的人员翻倍目标，他计算了每位招聘成员的任务量，并根据各成员的资源与经验，合理分配了相应的职位目标并根据周报进展进行动态调整。同时，他针对招聘难度较大的高端岗位，采取了多渠道同步招聘的策略，并亲自负责专项突破。他还为团队设定了每月的阶段性目标，并立下誓言：若三个月内未能完成目标，全队成员需穿着带有"我是失败者"logo 的 T 恤以示惩戒；反之，前三名将获得丰厚的奖励。此举极大地激发

第七章
借助AI提升管理者管理能力

了团队成员的积极性与斗志。

然而，随着目标的不断推进，部分职位的招聘进度仍不及预期。通过深入分析，他发现业务面试官的时间安排过于紧张。于是，他利用AI技术优化日程管理，并亲自带领招聘团队与面试官沟通，成功协调出每天固定的面试时间段，从而有效解决了面试时间不足的问题，使得招聘进度迅速提升。

五、传文化

　　管理者还有一个重要的目标是透传组织文化。管理者是文化的践行者，也是文化的代言人，要让公司的文化更好地传承。

　　有几个关键事项可以帮助管理者做好企业文化的透传。首先，管理者需要深入理解企业文化，管理者的一个重要的职责就传文化，管理者只有对企业文化深入了解，才能更好地传递文化；其次，管理者需要真正认同企业文化，并将其内化为自己的行为准则，以身作则，并且宣传和践行企业文化。进行企业文化的传承，可以根据团队成员的特点和喜好，选择合适的传递方式，如培训、游戏、团队建设活动等。此外，还可以结合部门的活动制订传递计划，以便达到文化传递的目标。

　　管理者的身体力行可以更好地影响团队，可以多鼓励团队成员对企业文化提出意见和建议，及时收集并整理反馈；另外，还要在团队中树立标杆和榜样，发挥榜样力量和带头作用，并且在一些公开场合进行宣传；有一些公司还会把文化价值观纳入绩效考核，在进行述职

第七章
借助AI提升管理者管理能力

时进行行为描述和价值观打分，让文化更加深入人心。

有个团队在文化传承上就做得润物无声。团队在每次的周例会上，都会安排一个环节，由参会的每个成员分享本周的文化故事或者文化行为，可以是正面的也可以是反面的，并且引导大家进行讨论，好的行为如何推广，不好的行为如何改善。经过一段时间的分享，团队提炼了很多文化故事，通过短视频制作的 AI 工具，轻松制作出轻松有趣的短视频故事，在公司的文化视频号上进行宣传，获得了很多转发和点赞，在年度组织能力调研中，这个部门的文化价值观获得了远远高于其他团队的得分，并且成为公司文化代言人最优团队；对外产生了极佳的宣传效应，众多候选人纷纷表示，在观看了公司视频号上的文化故事后，对公司充满憧憬，渴望能够成为公司的一员。

六、没有完美的个人，只有完美的团队

毋庸置疑，管理团队对于公司的发展起着举足轻重的作用。以福特公司为例，早期管理中管理层被视为助理角色，导致公司陷入濒危境地。然而，在福特二世接管公司后，他着手重塑管理团队，从而使公司再度焕发活力，实现飞跃式发展。诸多类似案例无不彰显着管理团队的重要性。

打造完美的管理团队，首先需要有管理机制帮助管理团队发挥作用，其次需要挑选和培养合适的管理者。有人说，领导力是天生的，具有领导能力和人格魅力的人确实更容易成为团队的领导者，但是领导力也是可以后天培养的，培养领导力是一个持续的过程，涉及多个方面的学习和实践。例如，可以通过阅读、培训、研讨会等方式，不断积累知识和技能，提升自己的认知水平和专业素养，通过交流、实践、沉淀、模仿等可以更直接地获得相应的经验，还可以结合自身的特点进行针对性的改善。没有哪一种是最好的，适合自己的方式就是最好的方式。

第七章
借助AI提升管理者管理能力

在管理机制上，最常出现的是一言堂的管理和决策机制。如果想让公司发展得长远和稳健，就需要杜绝一言堂，采用民主决策制，哪怕是2个人组成的小团队也要进行民主决策。随着公司不断壮大，个体能力存在局限，因此，需要建立管理决策机制，从多维度进行深入分析与判断，以确保公司能做出正确决策。

我们经过对多家公司的访谈发现，以下管理者常见的问题在企业中频繁出现，亟须管理者进行调整，若无法改善，则需谨慎考量其任用。

1. 任人唯亲，不用有能力的人

这种情况极为普遍，尤其在中小企业中。管理者在分配任务时，倾向于将易出业绩的工作交给"亲信"，而将繁重或复杂的工作推给他人。在决策重要事项时，不是基于谁最适合完成，而是基于个人信任和喜好。对于工作失误，对"亲信"宽容，为其开脱，而对他人则严厉处罚。团队奖励也往往偏向于"自己人"。此类管理者难以承担更重大的责任。

另一些企业，让亲戚担任监督角色，检查员工是否努力、是否有私心，这种做法让员工感到不被信任，转而将工作变为表面功夫。有理想和抱负的员工会选择离开，寻找更好的发展平台。

部分管理者偏爱听话的员工，而非能力强的员工，因为能力强的人往往有个性，不易管理，导致公司整体组织能力下滑。

此类情况屡见不鲜，虽然使用信任的人无可厚非，但若不能克服人性弱点，就难以引领企业发展。因此，我们期望通过机制设计来管理和控制风险，为有能力的人提供发挥的空间和舞台，而非简单粗暴地限制各类人才，尤其是那些虽有小瑕疵但才华横溢的人。

2．放大员工缺点，频繁换人

企业中常见一类管理者，面对未达目标时，总归咎于团队，认为团队无能。然而，团队成员皆由其亲自招募，为何如今却不符合要求？是招聘时的标准模糊，还是使用中未能发掘人才价值？抑或仅因聚焦于员工缺点？

优秀管理者多具备一种特质：擅长发掘他人闪光点。员工通过公司严格筛选入职，应假定其具备某种适应性。人无完人，管理者需扬长避短，善用员工优点解决团队难题，同时协助其改善缺点，避免缺点阻碍目标达成。频繁换人不仅导致团队能力无法累积，始终处于初创阶段，还极大挫伤团队士气。

3．只能带兵不能带将的管理者

此问题关乎管理梯队构建，特别是针对只能带兵、不能带将的管理者。部分管理者在小团队管理中游刃有余，但面对几十人团队时则显得手足无措，仍试图通过紧密控制少数直接下属来维持掌控力，却限制了下属的主观能动性。相反，有些管理者管理的下属数量过多，

第七章
借助AI提升管理者管理能力

跨多个职位类别，导致沟通不充分、决策效率低下，管理失效。通常认为，管理者有效管理幅度约为 6 至 8 个直接下属，新任管理者可能更少，而成熟度高且管理对象岗位属性相同的管理者可适当增加。

例如，某技术背景的管理者，在选人用人上存在严重问题，直接管理 50 余人团队，未建立二级梯队和人才梯队，放任管理，出现问题则归咎下属，团队能力停滞，员工因缺乏成长感及职场 PUA 体验而离职，损害公司雇主品牌。建议对此类团队进行人才盘点，通过内部提拔培养或外部招聘二级管理者，并根据产品线和协作紧密度将团队分为 8 个小组，每组设二级负责人辅助部门负责人达成目标，同时赋予部门负责人更多时间思考整体目标达成与规划。

4．目标不清晰，团队无效工作

管理者需引领团队达成公司目标。首要职责在于清晰界定并追求个人及团队目标。随后，依据目标设定与职责划分，进行任务分解，并选派合适人员执行。若团队能力欠缺，则需通过培养或人员组合来弥补。在强协同业务中，信息未能高频同步及团队成员的无效工作，对企业及个人而言，均是极大的资源浪费。

以上是最常见的管理者的问题，还有很多问题不一而足，概括地说，完美的管理团队是实现公司战略的首要因素，需要我们用人所长，打造完美的组合，发挥团队优势，促使管理团队不断成长，并且平衡好公司和部门的利益。那么如何打造完美的管理团队呢？

首先，需要对管理者进行评估和分析，客观评价管理者身上的优劣势，对于影响工作绩效产出的缺点需要指出并帮助管理者进行改进。要相信他是自己成长的第一责任人，坦诚面对并且帮助他改进是对他最大的善意。

其次，动态选拔并培养互补的管理团队，随着公司的发展共同成长。

另外，管理团队需要多样性并且坦诚互信，这样能够从多个角度分析问题，避免出现决策偏差，减少对公司发展的风险。

再次，根据721的人才发展理论，70%的成长来自实践，因此，需要给员工创造更多的实践机会。管理者的作用是帮助下属完成目标，而不是亲自上阵，既无法发挥管理者带团队的作用，也无法获得团队的成长。

除了上述常用的一些方式外，还可以通过AI Agent帮助管理者进行个性化的培养发展，通过AI测评匹配适合管理者的管理课程和实践项目，并且提供针对性的提升计划；在推进工作时，可提供数据化支持的看板，以便更客观地进行管理决策；同时，利用系统监测团队成员状态，为管理者提供管理建议。

七、案例：打造完美团队的关键

在企业管理中，部分管理者在业绩不达标或业务遇阻时，常寄望于招聘"救世主"解决所有问题，却忽视问题背后的复杂多样性，非一两人之力可解。须知无完美个人，但有完美团队。企业管理者应致力于构建完美团队，而非单一依赖个别人才。

1. 识人能力是打造完美团队的第一步

在面试上，有一个常用的工具——STAR面试法。STAR是Situation（情境）、Task（任务）、Action（行动）和Result（结果）四个英文单词的首字母组合。这四个部分共同构成了一个完整的行为事件描述框架，用于帮助面试官全面了解应聘者在过去的工作经历中所面临的具体问题及处理方式。

Situation（情境）：指应聘者所面对的特定环境或背景。在面试中，面试官会描述一个具体的情境，询问应聘者在该情境下如何行动。

Task（任务）：说明应聘者面临的具体任务或挑战。这有助于面试官了解应聘者的工作经历和经验，以确定其是否适合所空缺的职位。

Action（行动）：指应聘者在特定情境下的实际行为和反应。面试官会询问应聘者在该情境下采取了哪些行动，以及他们的决策和执行过程。这有助于面试官进一步了解应聘者的工作方式、思维方式和行为方式。

Result（结果）：指出应聘者的行动带来了什么结果，以及取得了什么成就。结果部分对于评估应聘者的能力和潜力至关重要，因为它能够反映应聘者的行动是否有效，以及其对工作和公司的贡献。

一位经验丰富的面试官总结，面试有效的关键在于深入追问细节，通过观察候选人的描述和面部微表情来判断其真实性。在一次面试中，面试官遇到了一名疑似商业间谍的候选人。该候选人面试运营总监岗位，在描述过往运营策略时，提及通过活动运营、内容运营和社交拉新等方式提升了数据。但当面试官深入追问社交拉新的具体情境、目标、投入资源和结果时，候选人开始含糊其词，显然缺乏实际操作经验。随后，候选人试图转移话题，询问面试官及公司业务相关信息，表现出对商业秘密的浓厚兴趣。面试官警觉后，以合适理由结束了面试。后经公司简历分析、竞品公司监测及外部调查，证实该候选人简历造假，实为竞品公司管理人员，企图打探商业秘密并混入公司。

AI技术在简历分析和面试问题生成方面，其能力得到了充分展现。通过深度学习算法和自然语言处理技术，AI能够对海量的简历数据进行高效分析，快速识别出求职者的教育背景、工作经验、专业技能等

第七章
借助AI提升管理者管理能力

关键信息，为招聘人员提供精准的人才画像。

在简历分析过程中，AI 不仅能够筛选出符合岗位要求的候选人，还能根据求职者的过往经历和能力特点，智能推荐适合的岗位。这种个性化的匹配方式，大大提高了招聘的效率和准确性，同时也为求职者提供了更加精准的岗位推荐服务。

此外，AI 在面试问题生成方面也展现出了强大的能力。通过分析招聘岗位的要求和求职者的简历信息，AI 能够自动生成一系列具有针对性和深度的问题，帮助招聘人员全面了解求职者的能力和潜力。这些问题不仅涵盖了求职者的专业技能和经验，还涉及其个人特质、团队协作能力和解决问题的能力等多个方面，从而确保了面试的全面性和客观性。不仅提高了招聘的效率和准确性，还为求职者提供了更加个性化的服务体验。随着 AI 技术的不断发展和完善，相信未来在人力资源领域的应用将会更加广泛和深入。

2．如何用人所长

优秀的管理者往往擅长发掘他人优点，并乐于倾听建议，用人之长。小 A 便是这样一位管理者，他通过校招进入知名大厂，师从一位杰出领导。小 A 初涉管理时刚大学毕业三年，凭借名校背景和出众才智，他学习能力强，擅长运用工具提升效率，常能以一敌三，屡屡超出领导预期，迅速获得晋升。

起初，小 A 的老板是位销售高手，思维敏捷，小 A 常感跟不上节奏，于是他加倍努力，在完成工作后主动向同事求教销售技巧。老板见小A谦逊好学，便时常带他见客户。渐渐地，小A能独立签约大单，成为团队的销售冠军。鉴于他情商高、擅长调动资源，老板让他协助指导应届生，因年龄相仿，他很快赢得应届生信任，带领团队协同作战，屡获佳绩。老板对小A的领导潜力印象深刻，于是在他入职约三年后，赋予他管理一个三人小团队的重任。

初带团队时，小A发现沿用带应届生的方法无法达成团队目标。他开始思考对策，细致分析团队成员：小B机智灵活，擅长与客户建立良好关系，适合担任先锋；小C稳重可靠，深得客户信赖，适合对接客户需求与问题；小D经验丰富，人脉广，关键时刻能发挥重要作用。明确团队成员定位后，小A审视团队目标与现有资源，发现需上级资源支持的重点客户，及小D可助力的潜在商机。他合理分配任务，明确工作重点。经努力，团队目标进展顺利，小A也赢得老板赞赏。

后来，小A的老板晋升为事业部负责人，管理范围扩大，销售团队虽强，但交付团队缺乏得力助手。老板想到小A，询问其是否愿意转岗交付。小A钦佩老板，愿意分担压力并尝试新领域，于是转入交付团队。他从基础学起，逐渐提出建设性意见，获得客户好评。原交付负责人调离后，小A被提拔为交付团队负责人。随后，老板调动至新业务板块，小A主动跟随，涉足采购、分销商管理、渠道商管理、供应链管理、大客户销售等多个岗位，均表现出色，深得老板赏识。最终，老板创业时邀请小A加入，尽管面临大厂光环的舍弃，小A仅

第七章
借助AI提升管理者管理能力

短暂犹豫后，便毅然决定投身创业之路。

在创业公司，小A展现了其才能，深受老板器重与信赖，笑称自己除CEO外，其余岗位皆已涉猎。随着公司壮大，新业务单元交由小A主导，成绩斐然，最终独立成公司，小A也顺利出任新业务CEO。

无疑，小A幸遇伯乐，老板慧眼识珠，善用其长。小A亦聪慧勤勉，善用工具提效，紧抓机遇，不负所托。作为管理者，识才至关重要。需深入了解员工背景、能力、兴趣及性格，分配适宜工作。通过日常观察、绩效考核、自评互评等手段，全面掌握员工所长，使其在擅长领域发光发热，给予必要资源与支持，助力其高效完成任务，提升贡献度。管理者应包容员工短处，不苛求完美，着眼优点，鼓励发挥，弥补短板。更要凝聚团队力量，互补长短，实现团队效能最大化。

3．新任领导者如何提升领导力

在当今这个竞争激烈的市场环境中，越来越多的企业开始追求提质增效，力求在减少投入的同时实现更多的产出。这一趋势不仅推动了企业对运营效率的关注，也促使企业开始更加重视领导力的发展。小Y，一个刚刚晋升为团队负责人的年轻人，正面临着这样的挑战。

小Y的团队由六名成员组成，虽然人数不多，但由于之前大家都是平级的同事，且小Y自己也没有带团队的经验，因此他深感责任重大。他开始思考如何提升自己的领导力，以更好地带领团队前进。

小Y的晋升源于他出色的业绩。然而，当他真正开始带领团队后，却发现之前自己引以为傲的工作方式并不能帮助团队达成业绩。有一次，上级交给他一个重要的客户，由于他已经安排了这两天的客户沟通日程，因此他指派了团队中的小伙伴小B去跟进。然而，由于小B刚刚接手这个客户，对客户的详细情况并不了解，导致在沟通中出现了很多问题。

小B在跟进客户的过程中发现，客户的需求非常苛刻，他既不能答应客户的需求，也不能直接拒绝。于是，他向客户表示需要回公司确认后再答复。然而，客户对此非常不满，直接向小Y的上级投诉，说他指派的人没有亲自来，而是派了一个什么都不懂的小朋友过来沟通，一问三不知。

小Y被上级叫到办公室了解了事情的原委后，不得不亲自去拜访客户解决问题。他向客户赔礼道歉，并解决了客户现场提出的问题，还进一步澄清了需求。然而，尽管他作出了努力，客户还是表示要取消与公司的合作。

回到公司后，小Y向领导汇报了情况，领导对此非常生气，训斥了小Y。小Y在承认错误后，叫来了小B进行训斥。然而，小B却感到非常委屈，他表示客户的需求非常苛刻，自己不清楚公司是否能够承接，也不能随便答应客户。两人因此发生了争执，最后小Y甚至说出了要开除小B的话。

小B毫不示弱地回应道："开除就开除，我正不想干了呢！你以为谁服你呢？大家都不想跟你干呢！"没想到，这句话竟然引发了团队其

第七章
借助AI提升管理者管理能力

他成员的共鸣，几个人纷纷提出了离职。

面对这一突如其来的变故，小Y陷入了深思。他开始反思自己的管理方式是否存在问题。经过反思，他意识到新任管理者特别容易犯几个错误，而他自己就犯了其中一个典型的错误——只会训斥下属，从不指导和帮助下属。

作为新任管理者，小Y意识到自己的角色已经从个人贡献者转变为团队贡献者。他不能再像之前那样事事自己冲锋在前，而是需要能够指导下属完成工作。为此，他开始调整自己的管理方式，将更多的时间和精力用于团队成员的辅导和团队目标的实现上。

在时间管理上，小Y开始更加合理地规划自己的时间，确保能够拿出更多的时间来研究团队目标如何更好地实现，以及团队成员哪个人负责哪项任务更适合。当团队成员在成本或任务上遇到问题时，他会主动提供帮助，找到问题所在，并提供资源支持和改进建议。

此外，小Y还开始更加深入地了解团队成员的情况，与他们进行更多的沟通。他根据团队成员的特点和能力情况，合理分配和调整工作，取长补短，发挥团队协作优势。通过这种方式，他逐渐赢得了团队成员的信任和支持。

然而，小Y深知自己的领导力还有很大的提升空间。为了系统地提升自己的领导力，他开始通过阅读相关书籍、参加培训和与同行交流等方式来拓宽自己的视野。同时，他还开始尝试利用AI工具来辅助自己的管理工作。例如，他使用了一款AI管理助手来帮助自己分析团队成员的绩效数据，识别出潜在的问题和改进点。这款 AI 助手还能根据团队成员的特点和能力情况，为他提供个性化的管理建议和支持。通过这些 AI 工具的帮助，小 Y 的管理能力得到了进一步的提升。

随着时间的推移，小 Y 的领导风格逐渐得到了团队成员的认可。他不再像之前那样只会训斥下属，而是更加注重与团队成员的沟通和协作。在他的带领下，团队逐渐走出了困境，业绩也开始稳步提升。

八、管理必修课：好好说再见

1．员工离职因素分析

在企业管理中，因各种原因需辞退员工时，与员工妥善告别是管理者的重要课题，但实际操作并不容易。许多 HR 都面临过业务伙伴突然要求即刻辞退某员工的情况。若因业务整体裁撤、跨城市搬迁或并购重组后的架构调整而辞退员工，通常沟通较为顺畅，也较易获得员工理解。然而，若因对员工能力不认可或不胜任而谈离职，则难度相对较大。妥善告别的目标在于促进双方协商解除劳动关系，同时实现降本增效。

以往管理者在处理员工离职问题时力有不逮，常因缺乏必要的管理能力和法律知识所致。但如今，借助 AI 工具，管理者可轻松获取相关建议，明确处理方向，并获得沟通话术及模板，降低了处理难度。在当前法律环境下，劳动者权益保护显著增强，员工维权意识强烈。若企业未依法合规处理劳动关系问题，将承受诸多负面影响。具体表现在如下几个方面：

- 从成本角度，不当处理可能导致需恢复劳动关系，并补全离职至恢复期间的工资及社保等费用，易引发仲裁、诉讼，甚至带来舆情及稽查风险，大幅增加管理与应对成本。

- 从组织角度，不当处理方式会损害企业内部氛围，使员工产生对立情绪，甚至激发员工研究劳动法以应对企业，严重影响团队凝聚力与组织绩效。

- 从品牌角度，外部舆论及社交媒体将对企业品牌形象造成冲击，削弱用户或客户对公司的信任，进而损害品牌影响力。

尽管影响员工离职处理结果的因素多元且复杂，涵盖员工个人、企业运营及外部环境等多个维度，但借助现代技术如AI分析，我们仍能梳理出主要影响因素。AI通过大数据分析，能洞察员工离职的普遍规律与潜在趋势，使我们更精确地把握关键要素。基于此，我们可深入分析并采取更恰当的处理方式，既降低优秀员工主动离职率，又优化被动离职员工的处理方式。这样的策略在保障企业利益的同时，也给予员工充分的尊重与关怀，有助于维护企业稳定运营，推动长远发展。以下是常见的影响因素：

- 员工绩效、态度，及是否遭受不公待遇、心怀怨气，均影响其离职意愿。

- 员工性格特征决定沟通方式的有效性。

- 直接上级等管理者的稳定性及与员工的关系，影响员工留存。

第七章
借助AI提升管理者管理能力

- 公司解除劳动关系的依据需合法合规，可借助法律文书网、威科先行等法律信息库查询相关判决，并利用AI工具分析提炼关键点。
- 公司处理解除案例时，应遵循统一原则。
- 员工家庭等个人情况影响其心理预期及离职决策。
- 协商解除策略需根据具体情况灵活制定，配合方式与沟通策略需相应调整。
- 掌握有效的协商解除沟通技巧至关重要。

此外，我们可实施员工全生命周期的有效管理，着眼于各环节的风险把控。前文已提及利用AI工具提升管理效率的关键环节，接下来，我们将探讨借助AI工具关注员工生命周期的哪些环节，以实现风险的有效控制。

（1）招聘环节优化：

- 利用AI技术强化人岗匹配的精准度。
- 背调中关注候选人是否有协商与诉讼经历，评估潜在风险。
- 审视管理成本与协作能力，确保团队效能。

（2）识人用人深化：

- 通过人才管理系统及沟通分析，识别情绪不稳定、偏执倾向。
- 监测员工对公司或上级的不满情绪，涉及绩效、工作分配等。
- 留意薪资待遇、工作内容引发的负面情绪。
- 识别不服从分配与沟通障碍，促进团队和谐。

（3）绩效沟通反馈机制：

- AI 辅助明确绩效目标设定，确保双方共识。
- 强化绩效过程中的及时反馈，避免延误。
- 解决绩效结果分歧，注重证据留存。

（4）人员辅导与改进策略：

- AI 分析绩效改进方向，提供个性化建议，预防绩效意外。
- 记录绩效辅导与改进行动，以及培训提升情况，既助力员工成长，也为后续管理提供依据。

2．如何做离职沟通？

AI 技术虽然发展迅速，但在某些方面仍然不能完全代替人类的作用，尤其是在处理员工离职这类涉及复杂情感与人际关系的任务时。因此，管理者和人力资源工作者需要与离职员工进行深入的沟通，这是 AI 难以替代的环节。在进行离职沟通时，应从员工的角度出发，理解他们的心理状态以及对未来的期望，这样才能制定出更具针对性的沟通策略，让员工更容易接受离职的决定。同时，通过有效的沟通，还能为企业留下良好的口碑，减少因员工离职而产生的负面影响，这对于企业的长远发展和人才管理都是至关重要的。因此，在 AI 时代，我们依然需要重视和优化人力资源工作中的离职沟通环节。以下是一个沟通的示例，可以根据情况进行参考。

首先，先进行寒暄，解决情绪问题。

第七章
借助AI提升管理者管理能力

沟通前要做足准备工作，请他过来沟通沟通。

找个安静的会议室。先寒暄几句，可以问问员工的生活情况，或者情感情况，让员工放松心态，最后再切入主题。

例如："最近工作还好吧？""你来公司也1年了，这1年来，你对自己的工作业绩满意吗？"等，彼此也进入状态。

找到合适的时机，进入主题。"为什么会这样呢？"问到这里的时候，他应该打开话匣子，把原因都列出来了……

"嗯，看来你对自己的认识还是很客观的。"

接下来，引出本次调整的原因，可以从绩效目标和对员工的期望说起，也可以从未来的工作目标压力说起，谈到内部调整方案都无法实现，只能进行协商解除的原因。

接下来，肯定员工的付出，提供必要的帮助。

这次的调整我也很遗憾，一直以来你都是非常优秀的，我看得到你的付出，也感谢你所作出的贡献。你在××方面做得很好，有很多优点，只要持续地维持和提升自我，必定还有其他更好的工作，可以让你发挥所长。

我非常注重细节，而你是一个大而化之的人，不是你不好，可能确实不太适合现在的团队，但不代表你在其他公司实现不了自己的梦想。你在其他地方可能会有更好的发展。

你可以向新的公司提到我的名字，如果他打电话给我，我一定会夸赞你，让他们找不到拒绝你的理由。

然后，提供补偿方案的选择。

给员工几个方案进行选择，比如更多是税后到手的补偿，还是社保公积金的衔接，还是一段时间的休息等，前面的沟通也可以大致确定员工的倾向，确定好方案后，立即协商解除签署协议。

在员工提出解除后担心不好找工作的顾虑，或者背调等担心时，将心比心地帮助员工进行后续的职业规划建议和机会帮助，谈职业发展，并进行真心的鼓励，例如"不管怎么样，可能是因为确实不适合公司的企业文化。或许你找到了适合自己的企业，你的情况会有很大不同。""在一个不适合自己的环境中长期消磨下去或许对你对公司都不好。你如果长期憋屈地耗在公司，你的职业发展以后也会受限的"，等等。

第八章

风控和风险评估

一、企业发展和风险控制的平衡

企业在发展过程中，业务拓展都会面临各种各样的问题，这些问题可能源自市场环境的变化、竞争对手的策略调整、技术进步的快速迭代，或是内部管理的不善等多个方面。因此，企业不光是要追求单纯的发展速度和规模扩张，更要注重可持续健康发展，确保在激烈的市场竞争中立于不败之地。企业管理者需要权衡发展和风险的平衡。

要实现可持续健康发展，企业就必须将风控和风险防范放在战略高度加以重视。风控，即风险控制，是指企业通过对潜在风险的识别、评估、监控和应对，来降低或消除风险对企业发展的影响。有效的风控不仅能够帮助企业预防可能发生的危机，还能在危机来临时迅速作出反应，减少损失，保障企业的平稳运行。

具体来说，企业可以采取多种风控方式来强化自身的风险防范能力。首先，建立健全的风险管理体系是基础。这包括明确风险管理的组织架构、职责分工和流程规范，确保风险管理的各项工作有章可循、有据可查。其次，加强风险识别和评估工作。企业应定期对市场环境、

第八章
风控和风险评估

竞争对手、技术趋势等进行深入研究和分析，及时发现可能存在的风险点，并对其进行科学评估，确定风险等级和优先级。

在风险应对方面，企业可以采取风险规避、风险降低、风险转移和风险接受等多种策略。例如，对于高风险的业务领域或项目，企业可以选择暂时回避或逐步退出；对于中等风险的项目，可以通过优化流程、提升技术水平等方式来降低风险；对于难以避免的风险，可以通过购买保险、签订风险共担协议等方式来转移风险；而对于一些低风险或可接受的风险，企业则可以采取积极的措施来应对和利用。

案例一：激进派

有一些公司在业务发展上相对比较激进，不太关注企业的经营风险。某公司的老板，便是这类风险偏好型领导者的典型代表。他早年以业务员的身份起家，凭借敏锐的市场洞察力和果敢的决策，创造了令人瞩目的业绩，从而在行业内声名鹊起。那段辉煌的职业生涯，让他对财务风险、合规性等"繁文缛节"产生了轻视，认为它们不过是成功路上的绊脚石。

当他决定踏上创业之路时，这种对规则的漠视更加显著。在他的带领下，公司迅速扩张，新业务线层出不穷，尽管过程中也遭遇了几次因忽视风险管控而引发的小挫折，比如供应链中断、市场预测失误等，但得益于灵活的调整策略和市场的整体利好，这些损失都被迅速弥补，没有对公司造成致命打击。老板对此更是引以为傲，认为自己的直觉和经验足以应对一切挑战，那些关于风险管理的警告不过是杞人忧天。

公司的一次团建活动，选择了棒球比赛作为增进团队凝聚力的方式。老板作为进攻性极强的性格代表，自然而然地倾向于选择同样具有进攻精神的高管组成自己的队伍。这支队伍在比赛中展现出了惊人的得分能力，每次击球都如同精准打击，让对手措手不及。然而，当遇到一支既擅长进攻又精于防守的对手时，他们的弱点暴露无遗。每当对手发起反击，这支队伍就像失去了盾牌的战士，后防线几乎形同虚设，所有队员都一股脑儿地进攻，忽略了防守的重要性。

赛后，团队成员围坐一起进行复盘，一位高管直言不讳地指出："我们的团队就像今天的比赛，进攻有余而防守不足。这让我想起了公司的现状，几次险象环生的危机，都是因为我们的风险控制能力太弱。"这番话如同一记警钟，让不少人陷入了沉思，但老板却依然显得满不在乎，认为这些都是成长中的小插曲，不必大惊小怪。

不久之后，老板提出了一个前所未有的激进目标：今年销售人数翻三倍，明年再翻三倍，同时业绩目标要翻五倍。这个目标一出，立刻在公司内部引起了轩然大波。许多人私

第八章
风控和风险评估

　　下认为，这样的增长速度既不现实也不可持续，既没有足够的产品研发与交付能力支撑，也没有足够的市场潜力可挖。然而，每当有人提出异议，老板便以缺乏"狼性"为由进行批评，甚至直接将一位公开反对的高管调离了核心岗位，转至职能部门。这样的高压政策下，员工们只能默默接受，全力以赴地去执行这个看似不可能完成的任务。

　　随着时间的推移，公司的经营状况开始出现问题。由于过度扩张，成本激增，而实际业绩却远未达到预期，导致现金流严重吃紧。到了月底发放工资的前夕，财务部门发现公司的现金流已不足以覆盖当月工资支出。此时，公司正进行中的一轮融资尚未完成，资金到位遥遥无期。面对这一突发状况，高管们紧急召开会议，提议暂缓发放工资，以缓解资金压力。但老板坚决反对，认为这样做会动摇军心，影响团队士气。

　　在万般无奈之下，老板决定以个人名义，将房产等资产抵押贷款，以确保员工能够按时领到工资，维护团队的稳定。这一举动虽然暂时解决了燃眉之急，却也让公司上下感受到了前所未有的危机感。幸运的是，不久之后，融资终于成功到账，老板迅速还清了贷款，这场风波才算平息。但回想起那段日子，许多人都心有余悸，认为这次冒险之举虽最终化险为夷，却也暴露出公司在风险管理上的巨大漏洞，提醒着所有人，未来的路还很长，稳健与谨慎才是长久之计。

案例二：保守派

某公司是一家专注于前沿科技的高科技公司。他们的产品线广泛，涵盖了从智能物联网设备到高端软件解决方案等多个领域。然而，由于所处行业较为新兴，市场尚未完全成熟，许多创新产品面临着客户基础薄弱的问题。公司深知，要想在这片蓝海中立足，就必须耐心培育客户，积极开拓市场。

在众多客户群体中，有一类表现尤为突出，他们的销售订单无论是金额还是数量都相当可观，为公司带来了不小的潜在收益。然而，这类客户有一个特殊需求——需要公司进行部分垫资，以缓解其短期的资金压力。这本是双赢的合作模式，既能助力客户快速发展，也能为公司赢得长期合作伙伴。但遗憾的是，公司老板是一位典型的保守派企业家，对资金风险极为敏感，对任何可能增加财务负担的合作都持谨慎态度。因此，面对这类需要垫资的客户，老板果断选择了拒绝，即便这意味着可能错失市场先机。

为了争取这部分客户，销售团队曾提议通过提供更优惠的价格来吸引他们，毕竟，在竞争对手纷纷愿意垫资的情况

第八章
风控和风险评估

下,价格优势无疑是争取订单的有力武器。然而,老板又担心此举会压缩利润空间,影响公司的整体利润率水平,最终这一策略也被搁置。随着时间的推移,那些原本对公司产品充满兴趣的大客户,因无法获得所需的财务支持,逐渐转向其他能够提供垫资服务的竞品公司,公司的订单量因此大幅减少。

另一边,还有一类行业客户,他们的合同金额巨大,足以让任何企业心动。但这类客户回款周期长,往往需要一年以上甚至更长时间才能完成资金回笼。尽管他们几乎不存在坏账风险,但老板依然顾虑重重,担心资金被长期占用,影响公司的现金流健康。特别是在当前经济环境不确定性增加的背景下,任何额外的资金压力都可能成为企业运营的隐患。于是,经过深思熟虑,老板还是决定放弃这些看似诱人的大单,以规避潜在风险。

此外,市场上还存在一类客户,他们在正式采购前要求公司进行POC(Proof of Concept,概念验证)测试,以此作为进入竞标阶段的前提。POC阶段不仅需要公司投入大量人力物力,还可能因验证失败而颗粒无收。老板对此深感忧虑,认为这不仅是对公司资源的无偿占用,还存在方案泄露的风险。毕竟,在高度竞争的市场中,一个创新的解决方案往往就是企业的核心竞争力。因此,对于这类客户,公司同样选择了保持距离，以避免不必要的损失。

随着这些潜在优质客户的逐一流失，公司的业务范围急剧缩小，仅剩下一些课题研究的项目和零星小项目可承接。课题研究项目虽然能带来一定的资金流，但对公司经营业绩的提升微乎其微，无法体现在财报上，难以赢得资本市场的青睐。面对这样的困境，老板也开始犹豫，是否应该进一步控制这类项目，以集中资源寻找新的增长点。

员工们看在眼里，急在心里。他们深知，在激烈的市场竞争中，完全规避风险是不可能的，而过度保守只会让公司错失发展机遇。但如何在保持利润率的同时，又能有效拓展业务，成为摆在他们面前的一道难题。公司似乎陷入了一个进退维谷的境地，未来的路该如何走，成为了所有人心中的疑问。

二、如何借助 AI 进行风险防范

上述案例我们看到，无论是采取过于激进的发展策略，还是陷入过于保守的经营模式，都无法确保企业的健康与持续发展。两者皆有其弊端，激进可能导致资源过度消耗、风险失控，而保守则可能错失市场机遇、增长停滞。因此，寻找一个平衡点，既能抓住机遇又能有效管理风险，才是企业稳健前行的关键所在。企业要做好风险评估和管理，降低风险和损失的概率，提高效益和可持续性，就需要有风险防范的措施。只有进攻没有善于做防守的企业，会为此付出巨大的代价。

企业风控通过制定和执行一系列风险管理措施，不同企业的风控部门承担的职责略有差异，企业风控和风险评估需要贯穿于企业运营的各个环节，包括但不限于资产管理、应收账款管理、采购管理、存货管理、供应链管理、生产管理、市场营销管理、信息技术管理等方面。例如，在资金管理方面，企业需要确保资金的安全和有效利用，降低虚假报销、盗用滥用等风险；在应收账款管理方面，企业需要对客户进行风险评级，采取措施降低坏账风险；在信息安全方面，企业需要保护信息系统和数据免受网络攻击和数据泄露等风险，确保企业业务活动的正常进行。

在企业管理中，降低触发风控的风险，就能为企业减少不必要的损失，到一定规模的企业可以设置专门的部门或者岗位进行专业管理，如果企业规模还比较小，可以建立一些风控的管理规范，各个部门做好自己的风控管理。首先，通过收集内部和外部的数据和信息，识别可能对企业造成影响的各类风险，包括市场风险、信用风险、资金风险等，并对识别出的风险进行进一步的分析，包括风险发生的可能性、影响程度、持续时间等，根据风险评估结果，制定针对性的风险应对措施和相应的管理规范。

在风控管理中，现代科技尤其是AI系统的引入，为企业提供了更为精准和高效的管理手段。通过借助先进的AI工具，企业能够更有效地进行风控管理，显著提升风险识别与应对的能力。例如，针对人员离职这一潜在风险，AI系统可以通过分析员工的行为数据、工作满意度以及市场趋势等因素，构建离职预测模型，提前发出预警，使企业有足够的时间采取挽留措施或进行人才储备。

同时，AI在舆情风险监控方面也展现出了非凡的价值。通过实时抓取和分析社交媒体、新闻报道等公开信息，AI能够迅速识别出可能对企业造成负面影响的舆情事件，及时进行风险预警，助力企业制定应对策略，维护品牌形象。

第八章
风控和风险评估

此外，企业还可以借助外部的风控产品，这些产品往往集成了多种 AI 技术和算法，能够为企业提供动态的风控预警服务。这些服务不仅覆盖了传统的金融风险、运营风险等领域，还能够针对新兴的网络风险、数据安全风险等进行全面监控，确保企业在复杂多变的市场环境中稳健前行。

附 录
员工效能提升案例解析

一、如何帮助新员工快速融入新公司？

公司里有一位技术总工，以其卓越的技术能力赢得了众人的钦佩。然而，他所带领的团队却难以扩大，新人往往难以通过试用期便选择离职。尽管 HR 部门为他精心挑选了许多优秀人才，但这些新人要么主动提出离职，要么被总工认为不合适而辞退。这一现象让总工和 HR 部门都倍感焦虑。

为了深入了解离职原因，HR 部门与离职员工逐一进行了面谈。小 A 在离职时表示，自己最初是被总工的技术能力所吸引。但入职后，还未接触到项目资料，总工便

附 录
员工效能提升案例解析

简要介绍了项目情况，并要求他立即制定技术解决方案。小 A 说明需要时间去深入了解项目信息，总工则表示可以直接告知所需内容，没有多余的时间供他慢慢熟悉。由于小 A 刚加入项目，难以提出具体问题，便提出先回去思考。然而，第二天总工便催促他拿出方案，小 A 表示方案需要时间，总工却发了脾气，质问他需要多少天才能完成。小 A 认为，自己刚入职不到一周，对项目了解有限，难以立即提出切实可行的解决方案。因此，他认为自己与总工的领导风格不太契合，决定及时止损，选择离职。其他新人的离职反馈也反映了类似的问题。

基于离职面谈的反馈，HR 与总工进行了深入交流。总工透露，随着公司项目增多，老人需并行处理多个项目，已有人因过度劳累而离职。新人则因无法迅速上手而难以留任。HR 指出，新人需时间学习与适应，如同恋爱过程，急于求成会适得其反。总工对此表示理解，但项目压力巨大，难以给予新人充足时间。

为此，HR 与总工共同制定了新人入职计划。入职前，HR 提供行业报告、专业书籍等，助新人快速了解公司行业背景。入职当天，详细介绍公司情况，加深理解。同时，安排新人与同事深入交流，促进团队融入。总工则负责向新人详尽说明工作内容与要求，提供项目资料，给予学习时间，并在一周后面对面沟通，了解进度与问题，协助设定目标与规划路径。此外，指定团队老员工担任新人入职伙伴，解决日常工作中遇到的问题。HR 还关注新人心理预期，进行日常沟通与信息反馈，鼓励开放沟通，积极参与团队活动，保持积极心态面对挑战。

该计划实施后，新人更快适应岗位要求，提出有价值建议与方案，获得总工认可，团队趋于稳定。当然，我们也期望招聘到的人员具备强大适应能力，迅速创造价值。这要求做好充分入职准备，保持开放心态，向同事与领导学习请教，深入了解行业与公司情况，尽快发挥才智。

二、提升员工心力，拒绝"玻璃心"

事实上，许多人的失败并非源于能力不足、态度欠佳或缺乏机遇，而是心力不济，最终与成功擦肩而过。在职场中，一旦被人贴上标签，有的人便可能消沉不振，甚至愤然离职，从而错失了宝贵的机遇。

在公司里，流言蜚语难以避免，但总有些人热衷于给人贴标签，并将其当作玩笑四处传播，这实际上是一种隐形的PUA。例如，员工小A，因其性格急躁、嗓门大、脾气暴躁，而被同事私下戏称为"猛张飞"。然而，小A的技术实力相当出众，但因为急躁的性格，产品经理们往往不敢与他深入讨论需求，生怕哪句话不对就引发他的不满。这些无形的标签如同枷锁，让小A在公司中感到孤立无援。每当有新项目或任务分配时，同事们因对他的刻板印象而忽略他的技术专长，使他错失了许多展现才华的机会。

一次，性格直率的产品经理小B因急需上线一个产品功能，但与多位技术人员沟通无果后，不得不找到小A。起初，两人还在就功能需求点进行讨论，但因小B对多次沟通无果感到愤怒，语气不佳，而小A本就性格火暴，认为小B没表达清楚需求就嚷嚷，于是大嗓门回击。双方你一言我一语，很快便争吵起来。小B愤怒地说："公司里谁不知道你是'猛张飞'，我才不愿意和你沟通需求呢！要不是其他人搞不定，我怎么会来找你？我躲你还来不及呢！"小A听后更加愤怒，觉得小B不仅不能就事论事，还进行人身攻击，给他起外号并在公司传播，对他造成了极大伤害。小A向上级反映了情况，并表达了小B不能就事论事且给他贴标签的不满，要求处罚小B。上级对小A进行了安抚，虽然他也知道小A的"猛张飞"标签，但考虑到小A的情绪，只能表示自己也是首次听说此事，并承诺后续会要求大家不能随意给人贴标签，并对贴标签者进行严肃处理。

然而，时间的流逝并未完全消除那些标签对小A自信心的打击。他开始质疑自己的能力和价值，甚至在一次领导询问他是否愿意接手一个高难度项目时，因担心与对接人产生争执而放弃，错失了职业生涯的一次重要晋升机会。幸运的是，后来在与一位资深产品经理合作解决业内公认的技术难题时，小A深厚的技术功底和解决问题的能力得到了对方的极高评价。这位产品经理也善意地提醒小A注意控制火爆性格，以免让他人望而却步，小A对此虚心接受。

在这位产品经理和小A上级的共同鼓励与帮助下，小A逐渐学会了有效管理自己的情绪，不再轻易发脾气或大声嚷嚷。产品经理们也因此更愿意与他合作，他逐渐成为了团队中不可或缺的技术专家。

三、向上管理

职场之中，每个人都有自己的生存之道，有的凭借能力，有的依靠关系，有的则利用资源，还有些人虽无上述优势，却擅长赢得上司青睐。然而，在职场上，与上级的有效沟通与合作，无疑是一项至关重要的生存技能，许多才华横溢之人因不擅长此道而怀才不遇。首要的是要具备能力，但更重要的是要让上级认可你的能力，特别是在技术含量不高、偏向支持性质的工作中，上级的评价往往起着决定性作用。与上级的良好合作，是个人能力提升的关键一环。

小A是分公司的一名前台，出身于农民家庭，接受着最质朴的教育，性格老实本分，深受员工喜爱。然而，她并非领导眼中那种机灵的员工，时常说出不合时宜的话，做出不合领导心意的事。例如，一次集团领导来分公司开会，询问她是否有口香糖，她竟反问公司是否需要为员工配置口香糖，是否分公司行政配置未达到集团标准。集团领导连忙解释是自己出差未来得及购买，并非公司要求。小A这才恍然大悟，表示自己没有口香糖，并建议领导下楼去便利店购买。此时，会议即将开始，领导未能成行。这一幕被小A的上级看到，不禁叹了口气。随后，小A见到上级到来，便大声打招呼："C姐早呀！"此时已过上班时间，而C姐刚刚下楼为大家买了咖啡放在门口，小A却未察觉，也未上前帮忙，反而让会议室的集团领导听见，误以为C姐迟到。C姐虽不好多言，但仍赶紧招呼着将咖啡送进会议室。

小A其实是一个非常勤奋的人，有时还会加班整理行政采购的数据，但是她遇到问题不会去寻求上级的帮助也不太会向上级汇报，经常不能按时间要求上交数据，交上来的数据还经常出错，因此上级并不是特别喜欢她。她为此还会私下和其他同事抱怨，自己来公司最早，走得最晚，可是领导就像是看不见，还经常训斥她。相反小B工作很会讨巧，领导经常夸她工作效率高。表面看起来领导好像确实是不太公平，但是其实小A这样的人大有人在，而且不知道为什么自己这么努力就是得不到领导的赏识。

其实工作是你的事情更是公司的事情，向上汇报才是你自己的事情，做好对上管理才能让你在职场上顺风顺水。首先，你应该主动与上级沟通，了解他们的工作目标、期望和关注点。这有助于确保自己的工作方向与上级的要求保持一致。通过观察上级的行为和决策，了解他们的管理风格、工作习惯和喜好。这有助于更好地适应上级的工作方式，提高工作效率。其次，你要和你的上级建立信任与合作关系，在遇到问题时，主动承担责任，提出解决方案，而不是推卸责任或抱怨。在上级需要时，提供必要的支持和协助，共同面对挑战和困难。及时准确地向上报告，提供准确、及时和清晰的工作进展报告，包括成果、问题和建议，让上级了解全貌可以更好地掌控全局做出决策。尊重上级的权威和决策，与他们保持良好的工作关系，如果想法不同需要在合适的场合用适当的方式进行沟通，建立你的不可替代的作用和价值。

四、积极成长的心态

在职场中，一些人以惊人的速度成长，这既得益于他们幸运地置身于优质平台，更归功于他们不懈的努力与持续的提升自我。诚然，运气与努力在职场晋升的棋盘上均不可或缺，但若需二者择一，运气的影响或许更为凸显。然而，运气如同缥缈的流云，难以捕捉与驾驭，而我们能够切实把握的，唯有通过不懈努力与真心付出所铸就的坚实基础。

在职场这条漫长而又充满挑战的旅途中，那些成长迅速的人往往具备一种积极的成长心态。他们热爱学习，善于从每一次的经历中汲取养分，不断沉淀与积累。对他们而言，完成一项任务绝非终点，而是新起点。他们会细致入微地反思整个过程中的得失，思考哪些地方做得尽善尽美，哪些地方尚有不足，并积极探索改进之道。正是这样的习惯，使得他们的工作效率日益提升，能够承担的责任也越来越大，因此更容易获得领导的青睐与重任。

在招聘过程中，我们总是渴望能够招募到更多具备这种积极成长

附 录
员工效能提升案例解析

心态的人才。在职场中，他们不仅能够在管理中减少我们的精力消耗，还能以惊人的速度成长，为企业的发展注入源源不断的活力。小 A，便是这样一位杰出的人才。

初入职场时，小 A 只是负责办理入转调离等基础工作的员工。然而，与其他人不同的是，她并没有将这些琐碎的工作视为日复一日的重复劳动。相反，她每次都会深入思考如何提升效率、改善员工体验。例如，她发现新入职员工在入职当天经常需要花费大量时间下载和熟悉公司使用的沟通 App，并完成合同签署等事项。为了解决这个问题，她主动与 IT 人员沟通，提出在员工入职前一天发送提醒短信或邮件的建议。这一举措不仅提前欢迎了新人的到来，让他们感受到公司的热情与关怀，还让他们能够在入职前下载好相关应用，提前熟悉和了解公司环境，从而大大节省了当天办理入职的时间。

后来，小 A 又承接了测算离职补偿金的工作。面对这一任务，她并没有满足于传统的测算方式，而是深入研究 Excel 表格的设计，并巧妙地结合了 Word 的邮件合并功能，实现了自动化测算和协商解除协议的准备。这一创新性的工具在部门进行密集解除时发挥了巨大作用，大大节省了时间，为部门提供了及时有力的支持。

随着 AI 技术的不断发展，小 A 也开始尝试利用 AI 助手来优化工作流程，提升工作效率。例如，她使用 AI 助手来分析员工绩效数据，识别潜在的问题和改进点，从而制定更加科学、合理的管理策略，思考清楚问题框架后利用 AI 生成各种建议和解决方案。这些 AI 工具的引入，不仅进一步提升了她的工作效率，还让她在职场中获得了更多的机会与挑战。

小 A 的积极成长心态和不懈努力，让她在职场中脱颖而出，很快便获得了晋升，成为公司的最佳新人。她的成功经历告诉我们，只有具备积极心态、勇于探索与创新，才能在职场中走得更远、飞得更高。

因此，在招聘时，我们更加倾向于招募那些心力强大、具备积极心态的人才。面对 AI 等新工具、新技术，我们也要用拥抱的态度，积极使用 AI 工具作为自己发展的助力。我们无法阻止 AI 时代的浪潮，更应该思考如何用好 AI。

五、AI 助力员工成长

小 A 是一家公司的 HR，负责薪酬核算的工作。刚刚开始工作时，因为对 Excel 的各种公式还不太熟练，因此经常加班才能完成工作。不过他非常努力，完成工作后就会对工作内容进行梳理，思考如何可以进行效率的提升。

例如，他在进行提成核算时发现数据非常庞杂，如果不建立相互验证的公式，就会经常出现各种小问题，因此他对客户数据、回款数据、绩效数据、提成政策数据、账期数据等进行了梳理，建立在不同提成政策下的计算公式，另外，通过公式进行汇总数据呈现，避免了明细数据和汇总数据的偏差，提升了准确度；

另外，他还特别喜欢用一些 AI 功能提升工作效率，例如飞书的多维表格功能，可以分权限进行数据看板的建立，在一定程度上可以代替一部分 AI 分析平台的能力，对于他们公司的现状非常适合，因此花费很多精力进行研究，并在公司内进行培训分享，提升大家日常工作的效率。

努力加上天赋，他很快获得了大家的喜欢，很快就成为团队中不可或缺的人，大家有什么 Excel 或者多维表格等问题，都会寻求他的帮助，在公司里也成长特别快，他的上级离职后，他成为团队的负责人。

后　记

曾经有一位年轻的部门负责人，清华大学计算机硕士毕业，非常聪明且有自己的想法，很快被提升到部门负责人。但是刚刚提升到部门负责人时，每天各种各样的人和问题让他应接不暇，他很困惑为什么上次对那个提离职的员工这样管理，下次另一个员工提离职就是完全不同的方式呢？他问我是否有一套行之有效的方法可以应对任何人和问题。我很遗憾地告诉他并没有这样的方法，不仅我没有，管理大师也没有。

在企业发展中，每个管理者可能或多或少都会遇到一些难处理的情况，考验着他们的智慧与应变能力。管理最大的魅力就在于没有一个公式或者百试不爽的招式，没有一套放之四海而皆准的公式或一成不变的制胜法宝。面对各种各样的情形与个性鲜明的个体，处理方式自然千差万别。然而，尽管策略万千，其核心都是能够有效解决问题，同时避免引发新的困扰。

我们深知，在这个日新月异的时代，企业要想在激烈的市场竞争中屹立不倒，就必须不断寻求管理的创新与优化。AI 与我们的管理手段和技术手段相结合，如同为管理者们配备精准的导航仪和强大的引擎，助力他们在浩瀚的管理海洋中找到最适合自己的航道，提升企业的管理效能。AI 时代的到来，给我们带来新的变化，给我们提供了便利和效率。让我们携手共进，以智慧与勇气书写管理的新篇章，共创企业更加辉煌的未来。